はじめに

かつては多くの知識と、正確で速い計算力が求められていました。ところが、今や知識と計算はコンピュータの仕事となり、最後に残されたのは言葉の力だけになりました。コンピュータを動かすのも、プログラミングも、人工知能も、すべては言葉の論理的な使い方なのです。

特に小学生の頃は言葉の使い方を習得するための、非常に大切な時期です。そのときに子どもたちにどのような言葉の与え方をするのかが、後の子どもたちの人生に大きく影響します。

本書に掲載された文章はどれも論理的に書かれたものばかりです。それなのに、筆者の立てた筋道（論理）を無視して、自分勝手に読み、行き当たりばったり設問を解いたところで、何の意味もありません。文章を論理的に読むことで、初めて子どもたちに論理の力が芽生えてくるのです。

論理力は単に国語だけでなく、あらゆる教科の土台となる力であり、さらには生涯の武器ともなる大切な力です。これを鍛えることにより、新しい時代に立ち向かう強力な武器を手に入れてください。

小学生の時期は子ども自身が教育を選ぶことはできません。子どもたちにどのような教育を選択するのかは保護者のみなさまですが、その結果は子どもたちの生涯にわたって、子どもたち自身が負うことになります。だからこそ、「ドリルの王様」を活用して、「論理力」を高めていってほしいのです。

出口 汪

ドリルじいのアドバイス

もんだいに　とりくむ　まえに、おうちの人と　いっしょに　よもう。

① げんきよく、おんどくしよう！

できるだけ　こえに　出して　よもう。
なるべく　おうちの人に　きいて　もらおう。

② はなしの　すじみちを　かんがえて　よもう！

この　本では、ものがたり　せつめい文　し　の　３つの　文しょうが出て　くるよ。
それぞれに　よみかたの　ポイントが　あるから　おぼえよう。

ものがたり

だれが、どう　するのかな？

はなしの　なかに　出て　くる
人や　どうぶつに　ちゅうもくしよう！

いつ、どこでの　ことかな？

じかんを　あらわす　ことばを　見つけよう！
(あした　きのう　あさから　など)

ばしょを　あらわす　ことばに　気を　つけよう！
(おうちで　学校で　森の　中　など)

どんな　気もちや　ようすかな？

人の　気もちや　ものの　ようすを
あらわす　ことばを　さがそう！
(うれしい　たのしい　大きな　げんきな　など)

せつめい文

なんの　せつめいかな？

文しょうは　なにに　ついて　かかれて　いるのかを
かんがえよう！

じゅんじょは　どう　なって　いるかな？

じゅんじょを　あらわす　ことばを　見つけよう！
（まず　　つぎに　　さいごに　　それから　など）

だいじな　ところは　どこかな？

せつめいの　なかで、だいじな　ことばや　文を
たしかめよう！

し

どんな　気もちかな？

しの　なかに　出て　くる
気もちを　あらわす　ことばを　よみとろう！

リズムよく　よもう！

なんども　出て　くる　ことばや、おもしろい
ことばに　ちゅうもくして、こえに　出して　よもう！

3 おうちの人に、よんだ　ことを　はなそう！

もんだいを　やりおえたら、文しょうを　よんで
しった　ことや　おぼえた　ことを、おうちの人に
はなして　みよう！

もくじ

1年の文章読解

きほんのドリル　ものがたり

1 「だれが　どう　する」を　よみとる　①

月　日　じ　ふん〜　じ　ふん

なまえ　　　てん

1 つぎの　文(ぶん)を　よんで、下(した)の　もんだいに　こたえましょう。　50てん

かわが、
あります。

さるが、
きます。

かわに　はしが、
あります。

りすが、
はしを　わたります。

① なにが、ありますか。
（かわ）が、あります。　10てん

② だれが、きますか。
（さる）が、きます。　10てん

どうぶつの　なまえを　なぞってね。

③ かわに　なにが、ありますか。
（　　　）が、あります。　15てん

④ だれが、はしを　わたりますか。
（　　　）が、わたります。　15てん

おうちの方へ

めざせ！論理力の王様

短い一文を読んで、問いかけ文に答える練習です。問題を解き終えたら、「なにが～か？」「だれが～か？」の言葉を使って、再度お子さんに問いかけてみてください。まずは、問いかけ文に慣れることから始めましょう。

2 つぎの　文(ぶん)を　よんで、下(した)の　もんだいに　こたえましょう。

50てん（一つ10）

さるは、りすを　よびます。

りすは、てを　ふります。

かごの　なかに、りんごが　あります。

さると　りすは、りんごを　たべます。

① だれが、りすを　よびますか。
（　　　　）が、よびます。

② だれが、てを　ふりますか。
（　　　　）が、ふります。

③ かごの　なかに、なにが　ありますか。
（　　　　）

④ だれが、りんごを　たべますか。
（　　　　）（　　　　）

「だれが」と　きかれたら、「～が、」「～は、」と　いう　ことばを　さがそう。

2 「だれが　どう　する」を　よみとる　②

月　日　じ　ふん〜　じ　ふん

なまえ　　てん

1 つぎの　文しょうを　よんで、下の　もんだいに　こたえましょう。（50てん）

たくみが、「かくれんぼ　しようよ。」と、いいました。

ひでとが、おにに　なりました。

いけの　そばに、さくらの　きが、ありました。さやかは、きの　うしろに　かくれました。

① 「かくれんぼ　しようよ。」と　いったのは、だれですか。（10てん）

（たくみ）

② おにに　なったのは、だれですか。（10てん）

（ひでと）

③ いけの　そばに、なにが、ありましたか。（15てん）

（　　　　）。

④ きの　うしろに　かくれたのは、だれですか。（15てん）

（　　　　）

おうちの方へ

めざせ！論理力の王様

少し長めの文章を読んで、「なにが〜か？」「〜は、だれですか？」の問いかけ文に答える練習です。文章をゆっくり読みながら、問題にあたる部分を見つけ出し、問いかけ文に正しく答えられるようになりましょう。

2 つぎの 文(ぶん)しょうを よんで、下(した)の もんだいに こたえましょう。 50てん

たくみは、くさの
かげに しゃがみました。
くさの ねもとに、
かまきりが いました。

「あ、かまきり みつけた。」

たくみが、さけびました。

「え、かまきり？」

さやかが、みに きました。

ひでとが、はしって
きました。

「たくみくん、
さやかちゃん、みつけた。」

① くさの ねもとに、なにが いましたか。 15てん

（　　　　）

むしの なまえを かいてね。

② かまきりを みつけたのは、だれですか。○を つけましょう。 15てん

㋐（　）たくみ
㋑（　）さやか
㋒（　）ひでと

③ たくみの ところへ きたのは、だれと だれですか。 20てん(一つ10)

（　　　　）（　　　　）

2 ②「かまきり みつけた。」と さけんだのは、だれかな。

3 「だれが　どう　する」を よみとる　③

月　日　じ　ふん〜　じ　ふん

なまえ　　　てん

1 つぎの　文(ぶん)しょうを　よんで、下(した)の　もんだいに　こたえましょう。　50てん

ここは、つちの　なか。
ねぼすけの　たねが、
「ぼく、なんの
たねだったかな。」
と、つぶやきました。

ちびもぐらが、
「きみは、こいしかい。」
と、ききました。
「しつれいな！」
ねぼすけの　たねは、
ぷっと　ふくれて、ぱちんと
はじけて、めが　でました。

① つぶやいたのは、だれですか。　10てん

ねぼすけの（　たね　）

② なんと　つぶやきましたか。　10てん

「ぼく、（　　　　）
だったかな。」

③ だれが、「きみは、こいしかい。」と、ききましたか。　15てん

（　　　　）

④ たねが　はじけて、なにが　でましたか。　15てん

（　　　　）

たねから　でる
ものだよ。

おうちの方へ

まずは、文章をお子さんといっしょに音読してください。お子さんが言葉につまずいたり、読みにくそうにしていたら、必ず立ち止まって、会話をしながら、つまずきを一つずつなくしていってあげてください。

2 つぎの 文しょうを よんで、下の もんだいに こたえましょう。 50てん

たねは、おおきな つるに なりました。はっぱが、いっぱい しげりました。「ぼく、なんの つるだろう。」と、つるは つぶやきました。

おじいさんが、つるの かげに すわりました。「いい ひかげだ。」つるは、（えっへん！）と、ふんばりました。ぽっ ぽっ ぽっと、はなが さきました。「おやおや、まめだったか。」

① なにが、つるに なりましたか。 10てん

（　　　　）

② なにが、いっぱい しげりましたか。 10てん

（　　　　）

③ だれが、「いい ひかげだ。」と いいましたか。 15てん

（　　　　）

④ なんの はなが、さきましたか。 15てん

（　　　　）の はな。

2④ さいごの おじいさんの ことばが ヒントだよ。

4 「だれが　どう　する」を よみとる　④

月　日　じ　ふん～　じ　ふん
なまえ
てん

1 つぎの　文しょうを　よんで、下の　もんだいに　こたえましょう。 50てん

ももねえと　みみが、かどを
まがりました。すると、さくらの
えだから、とらじまねこが
ひらりと　とびおりました。
「きたね、おふたりさん。」
みかづきでらの
とらです。

「とらって、ばけねこ？」

みみは、ももねえを
みあげました。

ももねえは、うなずきました。

「しゃべる　ねこだもの。」

とらも、うなずいたようです。

① とらじまねこは、さくらの
えだから　どう　しましたか。 10てん
（とびおり）ました。

② とらじまねこの　なまえは、
なんですか。 10てん
（　　　　）

おてらに
すんで
いるんだね。

③ みみは、どう　しましたか。 15てん
・ももねえを
（　　　　）ました。

④ ももねえは、どう　しましたか。 15てん
（　　　　）ました。

おうちの方へ

めざせ！論理力の王様

「どうしましたか？」の問いかけ文が初めて出てきます。この問いかけでは、「だれ（なに）が〈人物〉」「どうした〈行動〉」を正しく理解できている必要があります。まずは、文章中に出てくる人物を確かめましょう。

2 つぎの 文しょうを よんで、下の もんだいに こたえましょう。 50てん

「では、ごあんないしましょう。」
とらは、しっぽを
くいっと まげました。
（おじぎの つもりかも…。）
ももねえが、おじぎを しました。
みみも、まねを しました。

とらは、おてらの いしだんを
のぼって いきました。
そして、とちゅうで、
ふりかえりました。
ふたりは、いそいで
とらの あとを
おいかけました。

① とらは、しっぽを どう しましたか。 10てん

くいっと（　　　　）。

② ももねえは、どう しましたか。 10てん

（　　　　）。

③ とらは、どう しましたか。 15てん

・おてらの いしだんを

（　　　　）。

④ ふたりは、どう しましたか。 15てん

・とらの あとを

（　　　　）。

「どう しましたか。」は、それぞれの 文の さいごの ことばに ちゅうもくしよう。

5 「だれが　どう　する」を よみとる ⑤

月　日　じ　ふん〜　じ　ふん

なまえ

てん

1 つぎの　文しょうを　よんで、下の　もんだいに　こたえましょう。 50てん

おじいさんが　かぶを
うえました。
「あまい　あまい　かぶになれ。
おおきな　おおきな
かぶになれ」
あまい　げんきのよい
とてつもなく　おおきい
かぶが　できました。
おじいさんは　かぶを
ぬこうと　しました。
うんとこしょ
どっこいしょ
ところが　かぶは　ぬけません。

A・トルストイ 再話　内田　莉莎子 訳「おおきなかぶ」〈福音館書店〉より

① おじいさんは、はじめに　かぶを　どう　しましたか。 15てん

（　　　　）ました。

② かぶは、どう　なりましたか。○を　つけましょう。 15てん

あ（　）おおきな　きに　なった。
い（　）ちいさな　はなが　さいた。
う（　）おおきな　かぶに　なった。

おじいさんの　ねがいの　とおりに　なったよ。

③ おじいさんが　かぶを　ぬこうと　したら、かぶは、ぬけましたか。 20てん

（　　　　）。

おうちの方へ

めざせ！論理力の王様

「おおきなかぶ」では、同じ言葉が繰り返し出てきます。まずは、おうちの方と一緒に音読をして、何度も出てくる言葉に気づきましょう。二回目以降はお子さんだけで音読をして、文章のリズムを楽しみましょう。

2 つぎの 文しょうを よんで、下の もんだいに こたえましょう。 50てん

ねこは ねずみを
よんできました。
ねずみが ねこを ひっぱって、
ねこが いぬを ひっぱって、
いぬが まごを ひっぱって、
まごが おばあさんを
ひっぱって、おばあさんが
おじいさんを ひっぱって、
おじいさんが かぶを
ひっぱって――
うんとこしょ
どっこいしょ
やっと、かぶは
ぬけました。

A・トルストイ 再話 内田 莉莎子 訳「おおきなかぶ」〈福音館書店〉より

① ねこは ねずみを どう しましたか。 10てん

（　　　　）きました。

② ねずみは、ねこを どう しましたか。 10てん

（　　　　）ました。

③ かぶを ひっぱって いる じゅんに すうじを かきましょう。 15てん（一つ5）

（１）おじいさん　（　）まご
（　）おばあさん　（　）いぬ

④ かぶは、どう なりましたか。 15てん

（　　　　）。

 ２④ さいごの 文を よく よもう。

6 まとめの テスト

月　日　もくひょうじかん 15 ふん

なまえ　　　てん

1 つぎの 文しょうを よんで、下の もんだいに こたえましょう。 50てん

くまさんが、
ふくろを
みつけました。
「おや、なにかな。
いっぱい
はいって いる。」
くまさんが、
ともだちの
りすさんに、
ききに
いきました。

岡 信子「はなの みち」令和2年度版 光村図書「こくご 一上 かざぐるま」より

① だれが、ふくろを みつけましたか。 10てん

（　　　　）

② ふくろの なかは、どう なって いましたか。 20てん

・なにかが いっぱい（　　　　）いました。

③ くまさんは、どう しましたか。 20てん

・りすさんに、（　　　　）いきました。

2 つぎの 文(ぶん)しょうを よんで、下(した)の もんだいに こたえましょう。 50てん

くまさんが、
ふくろを
あけました。
なにも　ありません。
「しまった。
　あなが　あいて　いた。」

あたたかい　かぜが
ふきはじめました。
ながい　ながい、
はなの
いっぽんみちが
できました。

岡　信子「はなの　みち」
令和2年度版　光村図書「こくご　一上　かざぐるま」より

① ふくろを　あけたのは、だれですか。 10てん

（　　　　　　）

② ふくろは、どう　なって　いましたか。 20てん

・（　　　　　　）が　あいて　いました。

③ あたたかい　かぜが　ふいて、なにが、できましたか。 20てん

・ながい　ながい、（　　　　　　）が　できました。

7 なんの　はなしかを　よみとる　①

月　日　じ　ふん～　じ　ふん

なまえ

てん

1 つぎの　文しょうを　よんで、下の　もんだいに　こたえましょう。　50てん（一つ10）

きりんは、ながい　くびで、たかい　ところの　はを　たべる　ことが　できます。

ぞうの　みみは、うちわの　やくめを　します。あつい　ひは、みみを　パタパタ　うごかして　からだを　さまします。

とんぼの　めは、まわりが　いっぺんに　みえます。だから、ちかくに　いる　むしを　すぐに　みつけられます。

① なんの　どうぶつに　ついて、かかれて　いますか。

（　　　　　）

② なんの　どうぶつの、なにに　ついて、かかれて　いますか。

［　　　］の［　　　］。

③ なんの　むしの、なにに　ついて、かかれて　いますか。

（　　　　　）の（　　　　　）。

おうちの方へ

めざせ！論理力の王様

文章を読み終えたら、「何の話かな？」「何についての話かな？」とお子さんに問いかけてみてください。問いかけを習慣づけることで、「中心となる言葉」を考えながら文章を読むことができるようになります。

2 つぎの　文しょうを　よんで、下の　もんだいに　こたえましょう。　50てん

かぶとむしの　からだは、かたい　からで　おおわれて　います。おすには、つのが　あります。なわばりを　まもって　たたかう　ためです。

はちみつは、みつばちが　はなから　あつめて　すに　はこんだ　ものです。すから　とりだした　はちみつは、あまい　はなの　かおりが　します。

① なんの　むしに　ついて、かかれて　いますか。　10てん

（　　　　）

② おすには、なにが　ありますか。　10てん

（　　　　）

これで、たたかうんだね。

③ なにに　ついて、かかれて　いますか。○を　つけましょう。　15てん

あ（　）はちみつ

い（　）みつばち

④ はちみつは、なにが　あつめた　ものですか。　15てん

（　　　　）

②③　ふたつの　文の　どちらも、「はちみつは、……」と　せつめいして　いるよ。

なんの　はなしかを　よみとる　②

月　日　じ　ふん～　じ　ふん

なまえ　　　　てん

1 つぎの　文しょうを　よんで、下の　もんだいに　こたえましょう。　50てん

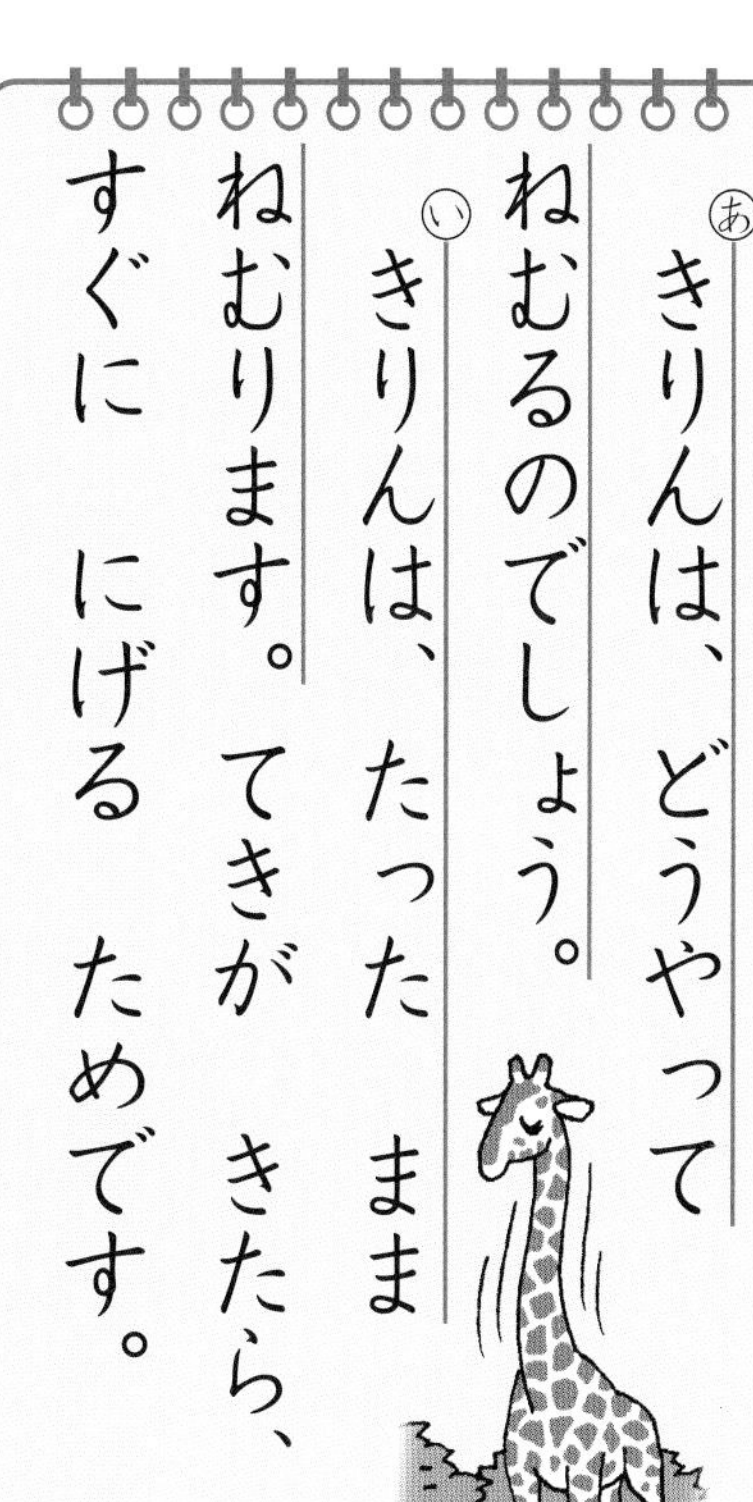

あ きりんは、どうやって
ねむるのでしょう。
い きりんは、たった　まま
ねむります。てきが　きたら、
すぐに　にげる　ためです。

おなかが　すくと、どうして
「グー」と　なるのでしょう。
おなかの　いぶくろは、
からっぽに　なると、つぎの
たべものが　くる　じゅんびの
ために　うごきます。　すると、
なかの　くうきが
おとを　たてるのです。

① といかけの　文は、あ——、い——の　どちらですか。あか　いで　こたえましょう。　15てん

（　　　）

「……でしょう。」と　いう　文が、といかけの　文だよ。

② なにに　ついて、といかけて　いますか。　20てん

・おなかが　すくと、（　　　　）わけ。

③ おなかの　なかで　おとを　たてる　ものは、なんですか。　15てん

□□□

めざせ！論理力の王様

おうちの方へ

説明的文章の学習では、「問い」と「答え」の構成がよく出てきます。「〜でしょう(問い)」や「〜ためです(答え)」といった文末表現に注目して、構成を理解できるようになりましょう。

2 つぎの　文しょうを　よんで、下の　もんだいに　こたえましょう。50てん

せみは、どのように　なくのでしょう。

せみの　おなかには　まくが　あり、せみは　それを　ふるわせて　おとを　だします。

おすの　いぬが、あちこちに　おしっこを　かけるのは、なぜでしょう。

それは、いぬが　じぶんの　おしっこの　においを　つけて、じぶんが　きた　ことを、ほかの　いぬに　においで　しらせる　ためです。

① なにに　ついて、といかけて　いますか。○を　つけましょう。20てん

あ（　）せみが　なく　わけ。
い（　）せみの　なきかた。
う（　）せみの　くらし。

② といかけの　文の　よこに、――を　ひきましょう。15てん

③ いぬは、じぶんの　おしっこの　においで、ほかの　いぬに　なにを　しらせますか。15てん

（　　　　　　　　　）こと。

2② 「〜でしょう。」と　いう　文が、といかけの　文だよ。

きほんのドリル　せつめい文

9

なんの　はなしかを　よみとる　③

月　日　じ　ふん～　じ　ふん

なまえ

てん

1 つぎの　文しょうを　よんで、下の　もんだいに　こたえましょう。　50てん

ほたるは、どのような　いっしょうを　おくるのでしょう。ほたるの　たまごは、かわの　きしの　こけに　うみつけられます。

たまごは、三十にちくらいで　ようちゅうに　なり、みずの　なかで　くらします。ひるは、たいてい　いしの　したに　かくれて、よるに　なると、かわに　いる　まきがいを　たべます。

① なにに　ついて、せつめいした　文しょうですか。　20てん

（　　　　）の　いっしょう。

どのように　くらして　いくのかが　かかれて　いるよ。

② ほたるの　ようちゅうは、どこで　くらしますか。　15てん

（　　　　）。

③ ようちゅうの　くらしに　ついて、あって　いる　ものに　○を　つけましょう。　15てん

あ（　）ひるに　えさを　たべる。

い（　）よるに　えさを　たべる。

おうちの方へ

説明文では、「なにについて書かれているのか（話題）」を必ず押さえましょう。「話題」は、文章中の「問い」からも見てとることができるので、初めの段落や文末表現にも注意しましょう。

2 つぎの 文しょうを よんで、下の もんだいに こたえましょう。 50てん

ほたるの ようちゅうは、やがて りくに あがって さなぎに なります。

せいちゅう＊に 五十にちくらいで なります。

ほたるは、たまごでも ようちゅうでも さなぎでも ひかります。これは、てきを おどろかす ためだと いわれて います。

せいちゅうに なると、けっこんあいてを さがす ために おしりを ひからせます。

＊せいちゅう…おとなに なった むし。

① ほたるが かわる じゅんに、ばんごうを かきましょう。 15てん（一つ5）

Ⓐ（　）ようちゅう
Ⓘ（　）せいちゅう
Ⓤ（　）さなぎ

せつめいの じゅんに、きを つけよう。

② ようちゅうや さなぎが ひかるのは、なんの ためですか。 15てん

てきを（　　　　）ため。

③ せいちゅうが、おしりを ひからせるのは、なんの ためですか。 20てん

（　　　　）ため。

2③ さいごの 文から、ほたるが ひかる りゆうを よみとろう。

10 なんの　はなしかを　よみとる　④

月　日　じ　ふん～　じ　ふん
なまえ
てん

❶ つぎの　文しょうを　よんで、下の　もんだいに　こたえましょう。　40てん

くるっと　まいた　しっぽ。
これは、なんの　しっぽでしょう。

これは、くもざるの　しっぽです。

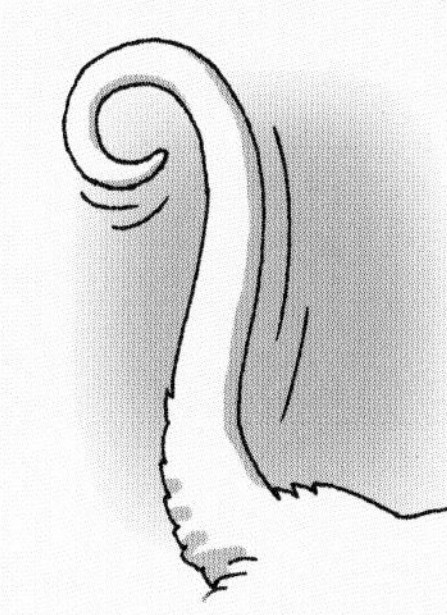

くもざるは、くるっと　まいた　しっぽを、きに　まきつけて　ぶらさがります。
この　とき、くもざるの　しっぽは、てに　にた　やくめを　して　います。

堀　浩「しっぽ　しっぽ」
平成29年度版　三省堂「しょうがくせいのこくご　一年上」より

① なにに　ついて、かかれて　いますか。　15てん

（　　　　）の　しっぽ。

② くもざるは、しっぽを　つかって　どう　しますか。　15てん

・しっぽを、きに

（　　　　）

ぶらさがります。

③ くもざるの　しっぽは、どんな　やくめを　しますか。　10てん

あ（　）あしに　にた　やくめ。
い（　）てに　にた　やくめ。
う（　）しっぽに　にた　やくめ。

おうちの方へ

「なんのしっぽでしょう。」という問いと、「〜のしっぽです。」という答えで文章が構成されています。基本となる文章構造を意識するだけでも説明文はわかりやすくなるので、必ず注目するようご指導ください。

めざせ！論理力の王様

2 つぎの　文しょうを　よんで、下の　もんだいに　こたえましょう。　60てん(一つ15)

ひらたい　しっぽ。
これは、なんの
しっぽでしょう。

これは、
ももんがの　しっぽです。
ももんがは、
ひらたい　しっぽを　ひろげ、
からだの　つりあいを　とりながら、
とびます。
このとき、
ももんがの　しっぽは、
ひこうきの　つばさに　にた
やくめを　して　います。

堀 浩「しっぽ　しっぽ」
平成29年度版 三省堂「しょうがくせいのこくご 一年上」より

① どんな　かたちの　しっぽに　ついて、かかれて　いますか。

（　　　）しっぽ。

② ももんがは、とぶ　とき、しっぽを　どう　しますか。

・しっぽを（　　　）、からだの（　　　）を　とります。

しっぽを　うまく　つかってるね。

③ ②の　とき、しっぽは　なにに　にた　やくめを　しますか。

ひこうきの（　　　）。

11 まとめの テスト

1 つぎの 文(ぶん)しょうを よんで、下(した)の もんだいに こたえましょう。 50てん

わたしたちの まわりには、ちいさな いきものが います。どう したら、みつける ことが できるでしょうか。

だんごむしは、にわや こうえんに います。だんごむしは、くらくて しめった ところが すきです。おちばや いしを どけると、みつける ことが できます。

大野 正男「みいつけた」平成26年度版 光村図書「こくご 一上 かざぐるま」より

① なにに ついて、かかれて いますか。 10てん

（　　　　）の みつけかた。

② だんごむしは、どんな ところが すきですか。○を ふたつ つけましょう。 20てん（一つ10）

㋐（　）あかるい ところ。
㋑（　）くらい ところ。
㋒（　）しめった ところ。

③ だんごむしを みつけるには、どう すれば いいですか。 20てん

おちばや いしを （　　　　）。

2 つぎの 文(ぶん)しょうを よんで、下(した)の もんだいに こたえましょう。

50てん

ばったは、くさはらに います。

ばったは、すぐには みつける ことが できません。ばったの いろが、くさの いろと にて いるからです。

ひとが ちかづくと、ばったは、おどろいて とびたちます。それで、みつける ことが できます。

大野 正男「みぃつけた」 平成26年度版 光村図書「こくご 一上 かざぐるま」より

① ばったは、どこに いますか。 15てん

（　　　　）

② ばったが すぐに みつからないのは、なぜですか。 15てん

・ばったの いろが、くさの

（　　　　）と にて いるから。

③ ばったは、どのように みつける ことが できますか。 20てん

・ひとが ちかづいて、ばったが

（　　　　）と、

みつける ことが できる。

きほんのドリル　ものがたり

12 「なにを　どう　する」を よみとる　①

月　日　じ　ふん〜　じ　ふん

なまえ　　てん

1 つぎの　文しょうを　よんで、下の　もんだいに　こたえましょう。　50てん

ながぐつが、雨で　かおを
あらって　きました。
そして、くつばこの
くつたちに　いいました。
「みんなも、あらって
くれれば。」

「びしょぬれに　なるだろ。」
うんどうぐつは、ながぐつに
もんくを　いいました。
サンダルが、すみっこの
白い　くつに　ききました。
「あなたも　ながぐつなの。」
「ぼくは、スケートぐつだよ。」

① ながぐつは、なにを
あらいましたか。　10てん
（　　）

② ながぐつは、だれに
いいましたか。　10てん
くつばこの
（　　）。

③ うんどうぐつは、ながぐつに
なにを　いいましたか。　15てん
（　　）

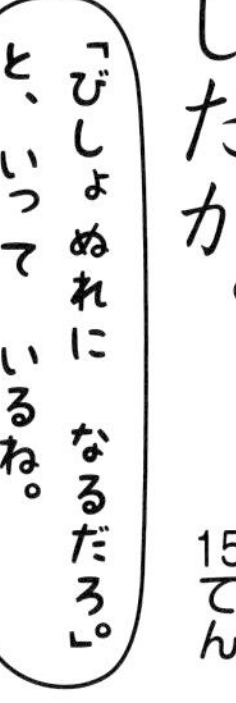

④ サンダルは、だれに
ききましたか。　15てん
すみっこの
（　　）。

おうちの方へ

めざせ！論理力の王様

「なにを〜か？」の問いかけ文が出てきます。問題では、「だれが」の部分が省略されていることもあるので、「なにを〜する」とあわせて、必ず主語「だれが」を確認するようにしましょう。

2 つぎの 文しょうを よんで、下の もんだいに こたえましょう。 50てん

サンダルは、どきどきして
スケートぐつに ききました。
「すべるのって、こわくないの。」
「こおりを けずる
シャッ シャッ、て
音が、気もち いいよ。」
みんな うっとりしました。

ながぐつだって、
しもばしらを ふんで、
バリッと わった
ことが あります。
これを くつたちに
じまんしたいと、おもいました。

① サンダルは、だれに ききましたか。 10てん

（　　　　）

② 「シャッ シャッ」は、なにを けずる 音ですか。 10てん

（　　　　）

スケートぐつが はなして いる ところを よもう。

③ ながぐつは、なにを わった ことが ありますか。 15てん

（　　　　）

④ だれに、じまんしたいのですか。 15てん

（　　　　）

❶④ 「あなたも ながぐつなの。」と、きいて います。その まえを、よもう。

13 「なにを　どう　する」を　よみとる　②

月　日　じ　ふん～　じ　ふん

なまえ　　　てん

1 つぎの　文しょうを　よんで、下の　もんだいに　こたえましょう。　50てん

うらにわに、びわを　もぎに　いった　おじいさんは、目を　まるく　しました。

「ゆうべの　雨で、いけが　できたか。」

びわの　みが、いけに　ぷかぷか　うかんで　います。

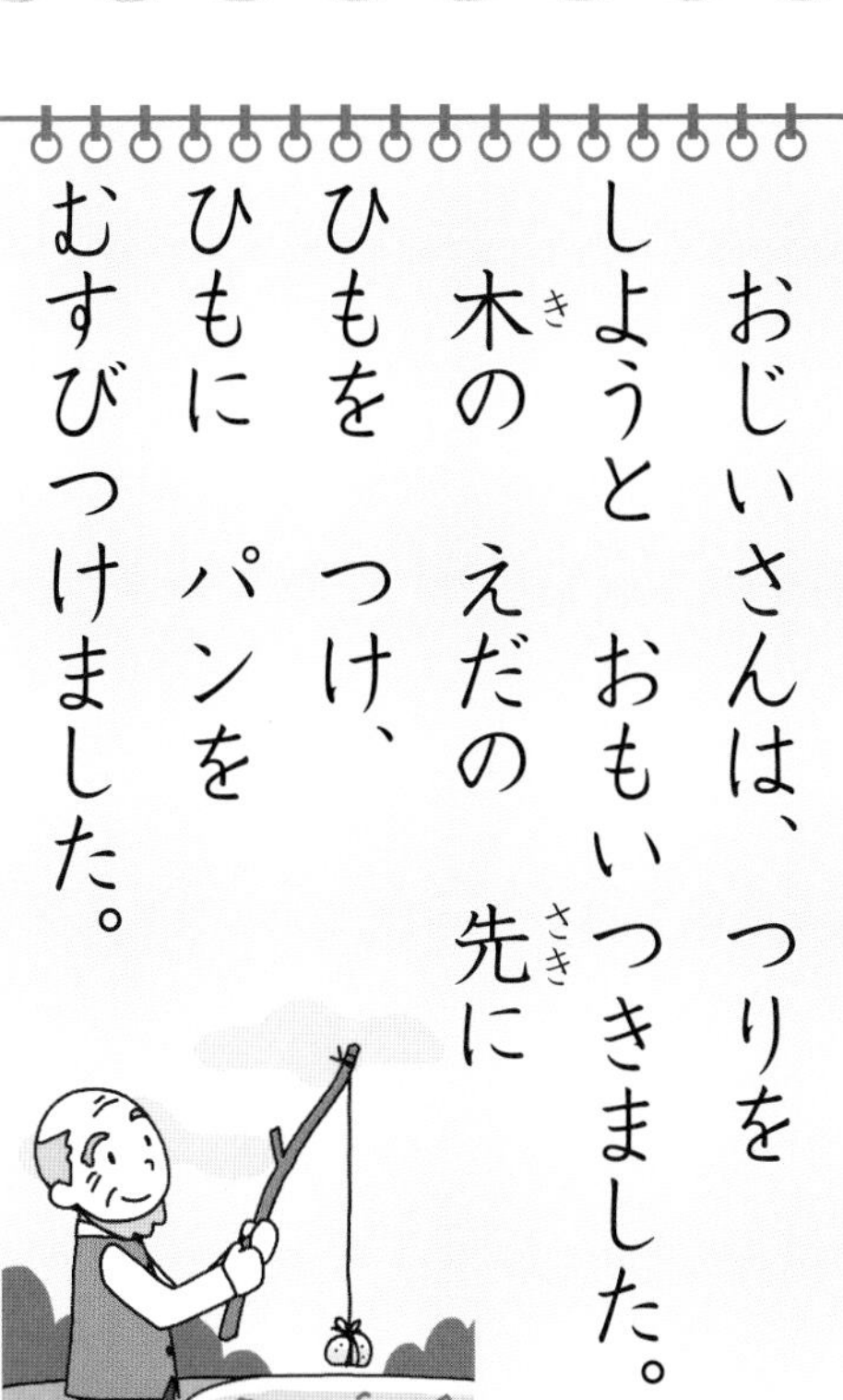

おじいさんは、つりを　しようと　おもいつきました。木の　えだの　先に　ひもを　つけ、ひもに　パンを　むすびつけました。

① おじいさんは、なにを　もぎに　いきましたか。　10てん

（　　　　）

② びわは、どのように　いけに　うかんで　いましたか。　10てん

（　　　　）うかんで　いた。

③ おじいさんは、なんの　先に　ひもを　つけましたか。　15てん

（　　　　）の　先。

④ ひもに、なにを　むすびつけましたか。　15てん

（　　　　）

おうちの方へ

めざせ！論理力の王様

「なにを〜か？」で問われる「なに」は、文章から抜き出して答えることが多いです。抜き出し問題や穴埋め問題では、必ず答えが文章中にあるので、お子さんが正しく文章を読めているかを確認してください。

2 つぎの　文しょうを　よんで、下の　もんだいに　こたえましょう。 50てん

おじいさんが、つりざおを　ひとふりすると……。ことりが　すいっと　ちかづき、ひもに　むすんだ　パンを　たべて　しまいました。もう　一かい、もう　一かい……。

ことりたちは、いけで　水あびを　します。木に　とまり、ルリルリ　うたを　うたいます。つりの　えさに、とびついて　きます。「つりは、おもしろい！」

① おじいさんは、なにを　ひとふりしましたか。
（　　　　）　10てん

② ことりは、どのように　ちかづきましたか。
（　　　　）ちかづいた。　10てん

③ ことりたちは、いけで　なにを　しますか。
（　　　　）　10てん

④ ことりたちは、なにに　とびついて　きますか。
（　　　　）。　20てん

2① 「ひとふり」は、一かい　ふる　こと。はじめの　文を　よもう。

「いつ　どこで」を よみとる　①

月　日　じ　ふん～　じ　ふん

なまえ　　てん

1 つぎの　文しょうを　よんで、下の　もんだいに　こたえましょう。　50てん

ねずみの　ひめさんは、うっかりやさん。「あれは　どこかしら。」おととい、川べの　さんぽで　つかった　日がさ。いつも　しまう　たんすに　見あたらない。

ねずみの　かやさんに、きょう、日がさを　かす　やくそくを　して　いる。「たいへん、一じには　かやさんが　くるわ。」

① ねずみの　ひめさんは、いつ　日がさを　つかいましたか。　10てん

（　　　　）

② ひめさんは、いつも　どこに　日がさを　しまいますか。　15てん

（　　　　）

そこに　見あたら　ないんだね。

③ だれに、日がさを　かしますか。　15てん

ねずみの（　　　　）。

④ かやさんは、なんじに　きますか。　10てん

（　　　　）

おうちの方へ

めざせ！論理力の王様

時「いつ」と場所「どこで」を問いかける問題が初めて出てきます。物語では、「設定（いつ、どこで、だれが）」を確認することは、文章の内容を理解するうえでも重要となってくるので、必ず押さえるようにしましょう。

2 つぎの 文しょうを よんで、下の もんだいに こたえましょう。 50てん

ねずみの ひめさんが
やねうらで 見つけたのは、
ふるい ランプの かさ。
ものおきで 見つけたのは、
もっと ふるい ランプの
かさ。でも、日がさは
見あたらない。
「かやさんが、 日がさを
かりに くる じかんだわ。」
一じ 五ふんに、 ねずみの
かやさんは、 日がさを
もって やって きた。
「おととい かりた
日がさ。 ありがとう。」

① ふるい ランプの かさを 見つけたのは、どこですか。 10てん

（　　　　）

② もっと ふるい ランプの かさを 見つけたのは、どこですか。 10てん

（　　　　）

③ かやさんは、なんじに きましたか。 15てん

（　　　　）

④ かやさんは、日がさを いつ かりましたか。 15てん

（　　　　）

❷ ④さいごに かやさんが いった ことばを、よく よもう。

きほんのドリル ものがたり

15 「いつ どこで」を よみとる ②

月　日　じ　ふん〜　じ　ふん

なまえ

てん

うさぎさんは、いすを
おおきな　きの
したに　おきました。
　そして、
「どうぞの　いす」と　かいた
たてふだを　たてました。

　ろばさんが　やってきました。
「おや、なんて　しんせつな
いすだろう。」
ろばさんは、どんぐりが
いっぱい　はいった　かごを
いすに　おくと、
おひるねを　はじめました。

香山　美子「どうぞの　いす」
平成29年度版　三省堂「しょうがくせいのこくご　一年上」より

1 つぎの　文しょうを　よんで、下の　もんだいに　こたえましょう。　40てん（一つ10）

① うさぎさんは、いすを　どこに　おきましたか。

おおきな（　　　　）。

② うさぎさんは　なにを　たてましたか。

（　　　　）

「どうぞの　いす」と　かいた　ものだよ。

③ だれが、やってきましたか。

（　　　　）

④ ろばさんは、かごを　どこに　おきましたか。

（　　　　）

おうちの方へ

めざせ！論理力の王様

物語では、「起承転結」の構成になっているものが多くあります。構成そのものを理解することはまだ難しいので、まずは、「起」＝「物語の設定（いつ、どこで、だれが）」をお子さんと一緒に確認してください。

2 つぎの 文しょうを よんで、下の もんだいに こたえましょう。 60てん（一つ15）

くまさんが やってきました。
いすの うえの どんぐりを
みて、いいました。
「どうぞなら、えんりょなく
いただきましょう。」
くまさんは、どんぐりの
かわりに、はちみつを
おいて いきました。
ろばさんは、
くうくう おひるね。
きつねさんが やってきました。
いすの うえの はちみつを
みて、いいました。

香山 美子「どうぞの いす」平成29年度版 三省堂「しょうがくせいのこくご 一年上」より

① だれが、どんぐりを見つけましたか。

（　　　　）

② どんぐりは、どこにありましたか。

（　　　　）。

③ ろばさんは、なにを して いますか。

（　　　　）

④ きつねさんは、なにを 見つけましたか。

（　　　　）

❷④いすの うえの どんぐりは、なにに かわったかな。

16 まとめの テスト

月 日　もくひょうじかん 15 ふん

なまえ　　てん

1 つぎの 文しょうを よんで、下の もんだいに こたえましょう。 50てん

くまさんは、本やさんで 本を かいました。それから みどりの こうえんに いきました。

そこには、いつも くまさんが すわる ベンチが ありました。

くまさんは、そこで ひと休み。ぼうしを とって、ベンチに おいて ひと休み。

すると、むこうから、また また さっきの きつねさんが やって きました。

きつねさんは、にもつを いっぱい もって います。

香山 美子「はじめは『やー!』」令和2年度版 学校図書「みんなとまなぶ しょうがっこう こくご 一ねん下」より

① くまさんは、本やさんで、なにを かいましたか。 10てん
（　　　　）

② ベンチは、どこに ありますか。 15てん
（　　　　）。

③ くまさんは、ベンチに なにを おきましたか。 15てん
（　　　　）

④ きつねさんは、なにを もって いましたか。 10てん
（　　　　）

2 つぎの 文しょうを よんで、下の もんだいに こたえましょう。 50てん

　ひと休みが　すむと、
くまさんは、きつねさんの
にもつを　もって　あげたく
なりました。それで
いいました。
「はんぶん
　もちましょう。」
「や、ありがとう。
どうも　どうも。」
　つぎの　日、くまさんは、
また　さんぽに　出かけました。
ぼうしを　かぶって。きのう
かった　本を、こうえんの
ベンチで　よもうと　おもって。

香山　美子「はじめは『や！』」
令和2年度版　学校図書「みんなとまなぶ　しょうがっこう　こくご　一ねん下」より

① くまさんは、なにを　もって　あげましたか。 10てん

（　　　　　）

② ——せんは、だれの　ことばですか。 10てん

（　　　　　）

③ くまさんが、また　さんぽに　出かけたのは、いつですか。 15てん

（　　　　　）。

④ くまさんは、本を、どこで　よもうと　おもったのですか。 15てん

（　　　　　）。

きほんのドリル　せつめい文

17 じゅんじょよく　はなしを　よみとる　①

月　日　じ　ふん〜　じ　ふん

なまえ

てん

カップで　こまを　つくりましょう。ざいりょうは、プラスチックの　カップと　わりばしです。

まず、カップの　そこの　まんなかに　あなを　あけます。

□、わりばしの　先を　けずって　とがらせます。

そして、それを　あなに　さします。

これで、こまが　できあがります。

1 つぎの　文しょうを　よんで、下の　もんだいに　こたえましょう。　40てん

① なんの　つくりかたが、かかれて　いますか。　15てん

（　　　　）の　つくりかた。

② □に　あう　ことばに、○を　つけましょう。　10てん

あ（　）さいごに

い（　）つぎに

つくりかたの　じゅんばんを　たしかめよう。

③「それ」とは、なんですか。　15てん

・先を　とがらせた

（　　　　）。

おうちの方へ

めざせ！論理力の王様

「説明文」でも音読は重要です。「物語」では、語のまとまりや文脈に注意して読みますが、「説明文」では、要旨（ようし）に沿って文章が順序よく書かれているので、順序を表す言葉「まず」「つぎに」などに注意して読みましょう。

2 つぎの 文（ぶん）しょうを よんで、下（した）の もんだいに こたえましょう。 60てん

たべものには、いろいろな
えいようが 入（はい）って います。
それらは、からだが きちんと
うごく ために ひつようです。
にくや さかなには、
たんぱくしつと いう
えいようが 入って います。
これは、からだを つくるのに
かかせません。
ごはんや パンには、
たんすいかぶつと いう
えいようが 入って
います。これは、からだの
エネルギーに なります。

① 「それら」は、なにを さして いますか。 15てん

いろいろな （　　　　）。

② 「これ」は、なにを さして いますか。 15てん

□□□□□□

③ ②は、なにに 入って いますか。 20てん（一つ10）

（　　　　）（　　　　）

④ 「たんすいかぶつ」は、からだの なにに なりますか。 10てん

（　　　　）

じゅんじょよく はなしを よみとる ②

月 日 じ ふん〜 じ ふん

なまえ

てん

町の 中で、よく 見かける すずめ。すずめは、人が すんで いる ところにしか すみません。なぜでしょうか。

一つめの りゆうは、人が くらして いる ちかくに すを つくると、からすなどの てきが ちかづいて こないからです。

二つめの りゆうは、人が つくったり、こぼしたり した たべものを えさに できるからです。

1 つぎの 文しょうを よんで、下の もんだいに こたえましょう。 50てん

① すずめは、どんな ところに すんで いますか。 15てん

（　　　　） ところ。

② 一つめの りゆうは、なんですか。 20てん(一つ10)

・[　　] が （　　　　） こないから。

③ 二つめの りゆうは、なにを えさに できるからですか。 15てん

○を つけましょう。

あ（　）人が つくった たべもの。

い（　）とりが こぼした もの。

う（　）とんで いる 虫。

おうちの方へ

めざせ！論理力の王様

同じ言葉を使うことを避（さ）けて、前の内容を後につなげる言葉が「指示語」です。そのため、指示語が指す内容は、それよりも前の文章（とくに直前）にあることが多いです。問題に答えるときは、注目する部分にも気をつけましょう。

2 つぎの　文（ぶん）しょうを　よんで、下（した）の　もんだいに　こたえましょう。

50てん

花（はな）の　いい　においや、きれいな　いろに　さそわれて、虫（むし）が、花に　やって　きます。そして、花の　みつを　すいます。その　とき、虫の　あしや　からだに　花ふん（か）が　つきます。虫が　とびまわると、__それ__が、めしべに　くっつきます。それで、花は　たねを　つくる　ことが　できるのです。花は、じぶんだけでは、たねを　つくれないので、虫を　さそって　てつだって　もらうのです。

① 虫は、花の　なにに　さそわれて　やって　きますか。　20てん（一つ10）

［　　　　］や［　　　　］。

② 「それ」は、なにを　さして　いますか。　15てん

（　　　　　　　　）

③ 花が　虫を　さそうのは、なんの　ためですか。○を　つけましょう。　15てん

あ（　）おいしい　みつを　ごちそうする　ため。

い（　）たねを　つくるのを　てつだって　もらう　ため。

花ふんを　はこんで　もらいたいんだね。

２③花が　虫を　さそう　りゆうを　きちんと　よみとろう。

19 つなぐ　ことばを　とらえる　①

月　日　じ　ふん～　じ　ふん

なまえ　　てん

1 つぎの　文しょうを　よんで、下の　もんだいに　こたえましょう。50てん

ねむたく　なると、しぜんに
あくびが　出ます。
□、あたまが
すっきり　します。

あたまが　はたらくには、
おおくの　さんそが
ひつようです。
ねむい　ときは、
あたまが　うまく
はたらかなく　なります。
□、大きく　口を　あけて、
さんそを　すいこむのです。

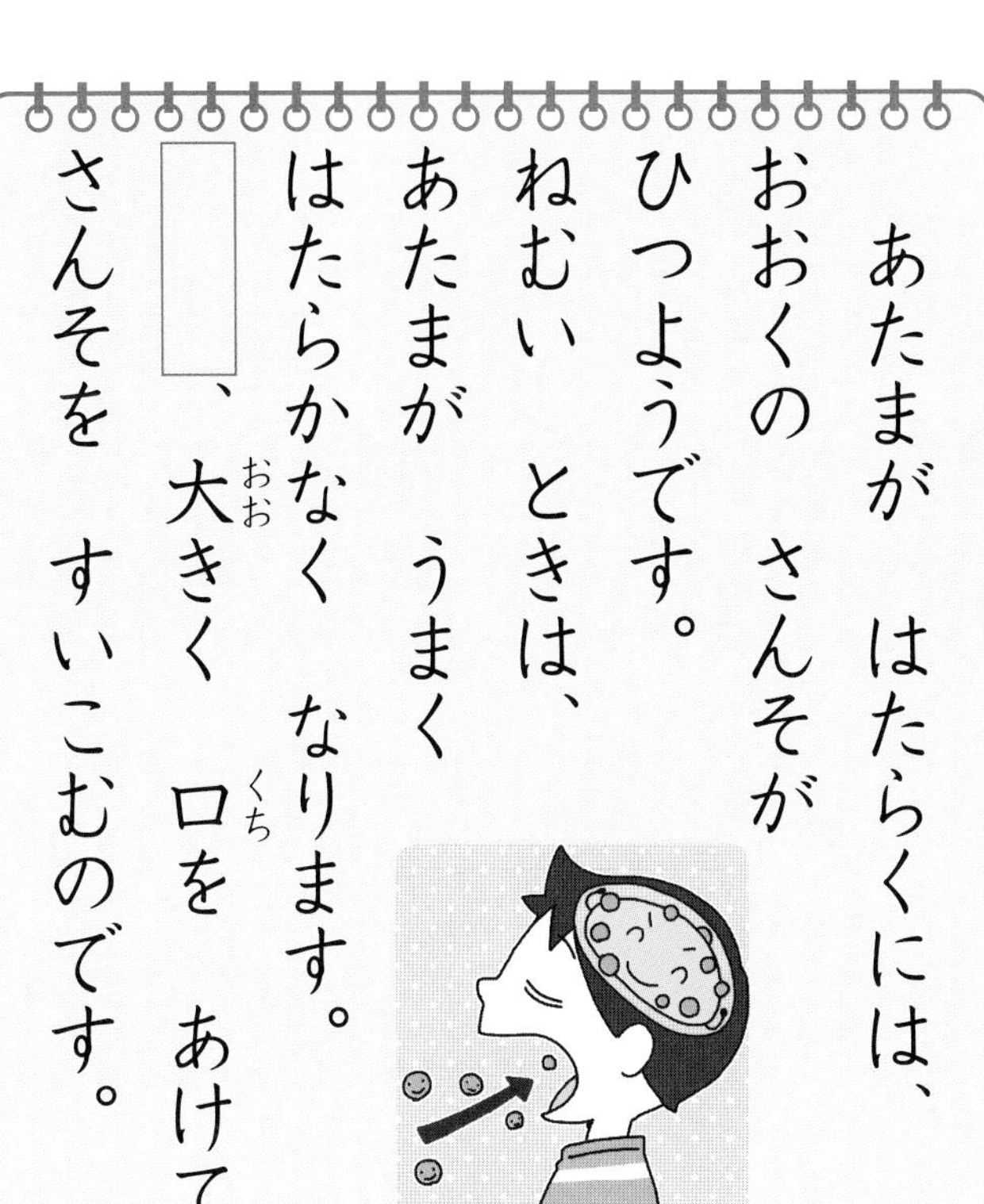

① □に　あう　ことばに、
○を　つけましょう。15てん
あ（　）しかし
い（　）すると
う（　）もしも

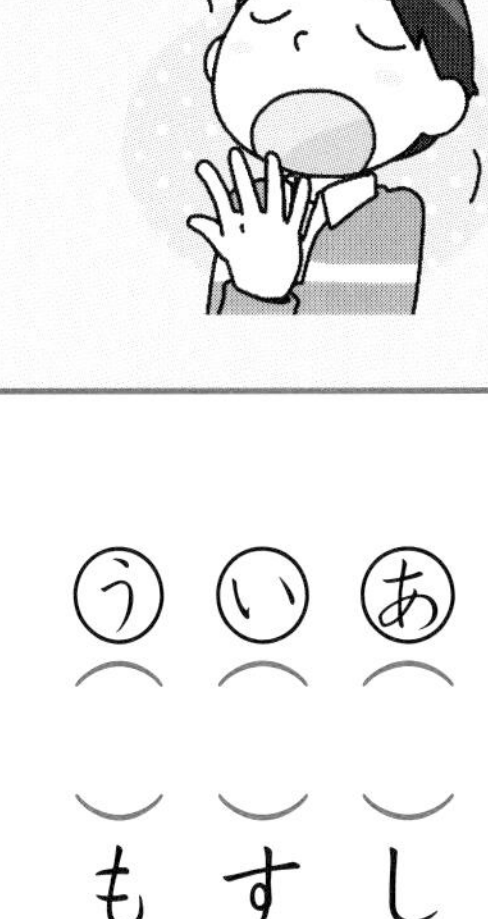

② あたまが　はたらくには、
なにが　ひつようですか。20てん
おおくの（　　　　）。

③ □に　あう　ことばを、
えらんで　かきましょう。15てん
（　　　　）

ところが
そこで

おうちの方へ

めざせ！論理力の王様

前の内容を指して後につなぐ言葉が「接続語」です。そのため、接続語の穴埋め問題では、前後の文章の関係を正しくつかむ必要があります。選択問題に慣れていない段階なので、初めは言葉を補って音読してみるといった工夫も必要です。

2 つぎの　文しょうを　よんで、下の　もんだいに　こたえましょう。

50てん

あくびが　出ると、しぜんに　口が　大きく　あきます。［　］、いっしょに　なみだも　出ます。

目の　うちがわには、なみだを　ためる　小さな　ふくろが　あります。あくびを　すると、かおの　きんにくが　うごいて、なみだの　ふくろを　つよく　おすのです。［　］、あくびを　すると、なみだが　出るのです。

① ［　］に　あう　ことばに、○を　つけましょう。

15てん

㋐（　）すると
㋑（　）なぜなら
㋒（　）でも

ことばを　あてはめて　よんで　みよう。

② ［　］に　あう　ことばを　えらんで、かきましょう。

15てん

しかし　それで

（　　　）

③ あくびを　すると、なみだが　出るのは、かおの　きんにくが　なにを　おすからですか。

20てん

（　　　）。

［　］の　まえの　文と　うしろの　文の、つながりかたが　よみとれたかな。

20 つなぐ　ことばを　とらえる　②

月　日　じ　ふん〜　じ　ふん

なまえ　　てん

1 つぎの　文しょうを　よんで、下の　もんだいに　こたえましょう。　50てん

カメレオンは、まわりに　あわせて　からだの　いろを　かえる　ことが　できます。
[　　]、てきや　えものに　見つからずに　うごく　ことが　できます。

こうもりは、ふだん、木に　さかさまに　ぶらさがります。
[　　]、うんちを　する　ときは、まえあしで　木を　つかんで　ぶらさがります。うんちを　かぶらずに　すむからです。

① カメレオンは、まわりに　あわせて、なにを　かえますか。　10てん

（　　　　　　）。

② [　　]に　あう　ことばに、○を　つけましょう。　15てん

あ（　）しかし　　い（　）だから

③ こうもりは、ふだん、木に　どのように　ぶらさがりますか。　10てん

（　　　　　　）に　ぶらさがる。

④ [　　]に　あう　ことばに、○を　つけましょう。　15てん

あ（　）だから　　い（　）でも

う（　）すると　　え（　）もし

おうちの方へ

めざせ！論理力の王様

「だから」「しかし」「すると」「もし」といった接続語を使って、身近なことについて会話を繰り返してください。無理に言葉の意味を覚えようとするのではなく、例文と一緒に使うことで、言葉の意味と使い方を理解できるようになります。

2 つぎの 文しょうを よんで、下の もんだいに こたえましょう。 50てん

うさぎの ながい 耳は、小さな 音も ききとれます。だから、てきが ちかづく わずかな 音で、にげる ことが □。

ペンギンは、大むかしは 空を とべました。でも、いまは □。つばさや からだの かたちが、水中で えさを とるのに あった かたちに かわったからです。

① 「だから」と いう ことばに ちゅういして、□に あう ことばに、○を つけましょう。 15てん

あ（　）わかります

い（　）できません

う（　）できます

「だから」の まえから よんでね。

② 二つめの □に あう ことばを かきましょう。 15てん

（　　　　　　）

③ ペンギンは、なにに あった かたちに かわりましたか。 20てん

（　　　　　　）のに あった かたち。

２② 「でも」の あとは、まえの ないようと ぎゃくの ないようが くるよ。

1 つぎの 文しょうを よんで、下の もんだいに こたえましょう。

チョコレートは、カカオと いう 木の みの 中に できる、カカオまめから つくります。

まず、カカオの みを わって カカオまめを とりだします。

[1]、これを よく かんそうさせてから、すりつぶし、どろどろの チョコレートの もとを つくります。

[2]、さとうや ミルクを まぜて、よく ねって、かたに 入れて ひやせば、できあがりです。

50てん

① チョコレートは、なにから つくりますか。 10てん

（　　　　）

② [1]、[2]に あう ことばを えらび、——で むすびましょう。 15てん

[1]・　・さいごに

[2]・　・つぎに

③ 「これ」は、なにを さして いますか。 10てん

（　　　　）

④ さとうや ミルクを 入れて まぜた あと、どう しますか。 15てん

かたに 入れて （　　　　）。

2 つぎの 文しょうを よんで、下の もんだいに こたえましょう。 50てん

バスには、たくさんの 人が のれるような くふうが あります。

その 一つに、ふつうは うんてんせきの まえに ある エンジンが、車の うしろに おかれて いると いう ことが あげられます。

むかしは、バスも、エンジンが まえに ありました。［　　］、いまは、うしろに おかれて います。その ため、まえの せきが ふえました。

① 「その 一つ」とは、なんの 一つですか。 10てん

（　　　　　）の 一つ。

② バスの エンジンは、どこに おかれて いますか。 15てん

（　　　　　）。

③ ［　　］に あう ことばに、○を つけましょう。 10てん

あ（　）たとえ　い（　）だから

う（　）でも　え（　）まず

④ エンジンを うしろに おいた ため、どう なりましたか。 15てん

（　　　　　）。

22 ようすを　よみとる　①

月　日　じ　ふん～　じ　ふん

なまえ　　　　てん

1 つぎの　文しょうを　よんで、下の　もんだいに　こたえましょう。 50てん

五年生の　カラスたちが　そろって、くちばしの　先を、ぼうっと　ひからせました。

「ほたるみたい！」

見学の　一年生たちは、おどろいて　目を　［　］。

びしびし　しゅぎょうを　させられる、からすてんぐ山の　てんぐ学校。

いちょうの　かげで、一年生カラスが　しくしく　ないて　います。

① くちばしの　先は、どのように　ひかりましたか。 10てん

（　　　　）ひかった。

② ［　］に　あう　ことばに、○を　つけましょう。 15てん

あ（　）ぱちくり　い（　）ぽっかり

③ 「びしびし」が　あらわす　ようすに、○を　つけましょう。 10てん

あ（　）たのしく　い（　）きびしく

④ 一年生カラスは、どのように　ないて　いますか。 15てん

（　　　　）ないて　いる。

おうちの方へ

めざせ！論理力の王様

人物や場面の「様子」を表す言葉は、人物の心情や物語の情景をより詳しく想像させるはたらきがあります。文章中に出てくる「様子」を表す言葉を正しく押さえ、物語全体の内容をつかみましょう。

2 つぎの　文しょうを　よんで、下の　もんだいに　こたえましょう。　50てん

「たにかぜのりができないと、二年生になれないんだって。」
うわさは、かぜのようにてんぐ学校の一年生たちにつたわりました。

「□みたいに、かぜにひらりんってのるんだ。」
なかまが　見まもる　なか、しっぱいした　カラッタは、たにかぜからまりのようにはじかれました。

① うわさは、どのようにつたわりましたか。　15てん

・（　　　　）のようにつたわった。

あっというまに、すぐつたわる　ようすだよ。

② □に　あう　ことばに、○を　つけましょう。　20てん

㋐（　）小石　㋑（　）はっぱ

③ カラッタは、たにかぜからどのように　はじかれましたか。　15てん

・（　　　　）のようにはじかれた。

2②「ひらりん」と、かるく　うごく　ものを　えらぼう。

23 ようすを　よみとる　②

月　日　じ　ふん～　じ　ふん

なまえ

てん

1 つぎの　文しょうを　よんで、下の　もんだいに　こたえましょう。　50てん

ある　日の　ことでした。
とうとう、りょうほうの
山が、まけずに
どっと　火を
ふきだしました。
たくさんの
みどりの　木が、あっというまに、
火に　つつまれました。
ことりたちが、くちぐちに
いいました。
「お日さま。はやく　くもを
よんで、あめを　ふらせて
ください。わたしたちも
よびに　いきますから。」

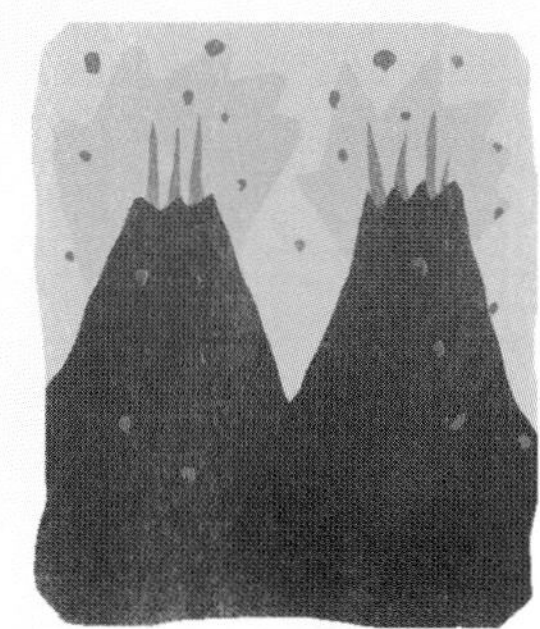

安藤　美紀夫「けんかした　山」
令和2年度版　教育出版「ひろがる　ことば　しょうがくこくご　一上」より

① 火を　ふきだした　ようすを　あらわす　ことばを　かきましょう。　10てん

（　　　）ふきだした。

② 木は、どのように　火に　つつまれましたか。　20てん

・（　　　）、火に　つつまれた。

③ ことりたちの　はなす　ようすを　あらわす　ことばを　かきましょう。　20てん

・お日さまに　（　　　）いった。

みんなが、それぞれに　いいあって　いる　ようすを　あらわす　ことばだよ。

おうちの方へ

お子さんにとって、初めて耳にする「様子を表す言葉」も少なくはありません。言葉や文章を読んだだけではイメージしづらいことが多いので、身近な場面や身近なものに関連付けて、言葉の定着をはかってください。

めざせ！論理力の王様

2 つぎの　文しょうを　よんで、下の　もんだいに　こたえましょう。　50てん

お日さまは、くもを　よびました。
くろい　くもが、
わっさ　わっさと
あつまって、どんどん
あめを　ふらせました。
火の　きえた　山は、
しょんぼりと　かおを
みあわせました。
一ねん、二ねん、三ねん
たちました。
なんねんも　なんねんも
たちました。
山は、すっかり　みどりに
つつまれました。

安藤　美紀夫「けんかした　山」
令和2年度版　教育出版「ひろがる　ことば　しょうがくこくご　一上」より

① どんな　くもが　あつまって　きましたか。　15てん

（　　　　）くも。

② 「わっさ　わっさ」は、くもの　どんな　ようすを　あらわしますか。○を　つけましょう。　15てん

あ（　）しずかに　あつまる　ようす。
い（　）どんどん　あつまる　ようす。
う（　）ゆっくり　あつまる　ようす。

③ 火の　きえた　山は、どのように　かおを　みあわせましたか。　20てん

・（　　　　）と　かおを　みあわせた。

24　気もちを　よみとる　①

月　日　じ　ふん～　じ　ふん

なまえ　　　　てん

1　つぎの　文しょうを　よんで、下の　もんだいに　こたえましょう。　50てん

りんごばたけに　うさぎの
子が　やって　きた。
「おとうとが　かぜで、
おばさんの
りんごを
たべたがって　いるの。」
おばさんは、よろこんで
りんごを　一つ　あげた。

りんごが　やくに　立って、
ちょっと　とくいな　おばさん。
「うちの　りんごは　♪ララ
かぜに　きく　♪ルルンル」
ごきげんな　うたごえだ。

① うさぎの　子は、だれの　ために　りんごを　もらいに　きましたか。　10てん

かぜを　ひいた（　　　　）。

② おばさんは、どんな　気もちで　りんごを　あげましたか。　10てん

（　　　　）あげた。

③ おばさんは、どんな　気もちで　したか。二つ　かきましょう。　30てん（一つ15）

・（　　　　）な　気もち。

・（　　　　）な　気もち。

おうちの方へ

めざせ！論理力の王様

物語において、登場人物の気持ちを読み取る問題は必ずといっていいほど出題されます。なぜなら、登場人物の気持ちや気持ちの変化は、物語における「山場」につながるからです。文章中の気持ちを表す言葉に注目しましょう。

2 つぎの　文しょうを　よんで、下の　もんだいに　こたえましょう。　50てん

うたを　きいて、つぎつぎと
どうぶつたちが　りんごを
もらいに　きた。
とうとう　かごは
からっぽ。すこし
さびしい　おばさん。

「おねがい、りんごを　どけて。」
テーブルの　下を　見ると、
子がめが　りんごの
下じきに　なって
いる。おばさんは、
あわてて　りんごを
ひろった。

① かごが　からっぽに　なって、おばさんは、どんな　気もちでしたか。　20てん

（　　　　　　）気もち。

どうぶつたちに、りんごを　ぜんぶ　あげて　しまったんだね。

② りんごの　下に　だれが　いましたか。　15てん

（　　　　　　）

③ 「あわてて」に　ちゅういして、おばさんの　気もちに　○を　つけましょう。　15てん

あ（　）早く　かめを　たすけなきゃ。
い（　）この　りんごが　ほしい。

1 ③うたの　まえと　あとを　見て　みよう。

25 気もちを　よみとる　②

月　日　じ　ふん〜　じ　ふん
なまえ
てん

1 つぎの　文しょうを　よんで、下の　もんだいに　こたえましょう。 60てん(一つ15)

林の　先の　一けんやが、おばあちゃんの　うち。タクは、へんだなと
□をかしげました。いつも林に　むかえに　出て　くる、犬の　ミントが　見えません。

「こんにちわん。」
タクは　おどろいて、口を　あんぐり　あけました。うしろ足で　立ち、エプロンを　して　いても、ミントに　まちがい　ありません。

① □に　あう　ことばに、○を　つけましょう。
あ（　）かた　い（　）くび

② タクの　気もちに、○を　つけましょう。
あ（　）こまったな。
い（　）へんだな。

ミントの　すがたが　見えないよ。

③ ミントは、なんと　いいましたか。
「（　　　　）」。

④ タクが　おどろいた　ようすを、かきましょう。
（　　　　）。

おうちの方へ

めざせ！論理力の王様

登場人物の気持ちを読み取るうえで、重要となってくるのは動作や様子です。物語の作者は、登場人物の気持ちを言葉で表すだけでなく、動作や様子を通して読者に伝えようと工夫をします。動作や様子にも注意しましょう。

2 つぎの 文しょうを よんで、下の もんだいに こたえましょう。 40てん

「おまえ、ミントだろ。」

「ミントは、おでかけ。」

おばあちゃんの ふりを して、ミントは ドーナツを 出して くれました。しっぽを パタパタさせ、□です。

「ミント、とって こい！」
タクが なげた ドーナツに、ミントは とびつきました。ミントは すっかり 犬です。ちょっと ざんねん。タクは、ミントを なでました。

① □には、ミントの 気もちを あらわす ことばが 入ります。どんな ことばが あいますか。○を つけましょう。 15てん

あ（　）うれしそう
い（　）くやしそう
う（　）かなしそう

しっぽを パタパタ させてるね。

② ミントが とびついたのは、なんですか。 10てん

（　　　　）

③ タクは、どんな 気もちで ミントを なでましたか。 15てん

（　　　　）な 気もち。

1 ① 「□を かしげました」と いう しぐさは、どんな 気もちを あらわすかな。

26 気もちを　よみとる　③

月　日　じ　ふん〜　じ　ふん
なまえ
てん

1 つぎの　文しょうを　よんで、下の　もんだいに　こたえましょう。　50てん

「タコディくんと、あそびたい。
あやまらなきゃなあ。
でも、あやまりたく　ない。」
いかの　イカッツくんは、
いじっぱりですからね。
まよいに　まよい、
足が　もつれて　きました。
タコディくんは、と　いうと……。
「イカッツくんは、
ほんとに　ひどい。
でも、あそびたいなあ。」
たこの　タコディくんは、
たいくつで、からだが
ひらたく　なる　ほどでした。

① イカッツくんの　気もちに、○を　二つ　つけましょう。　20てん(一つ10)

あ(　)早く　あやまりたい。
い(　)あやまりたく　ない。
う(　)タコディくんと　あそびたい。

② イカッツくんは、まよって　どう　なりましたか。　15てん

(　　　　　　　　)。

③ タコディくんの　からだが、ひらたく　なったのは、どうしてですか。　15てん

・イカッツくんと　あそべなくて、(　　　　　　　　)だから。

おうちの方へ

めざせ！論理力の王様

動作や様子のほかに、登場人物の気持ちが表れているものがあります。それは、セリフや会話です。「〜したい」など、直接的な言葉で表現されていることも多いので、セリフや会話もしっかり読み取るようにご指導ください。

2 つぎの 文しょうを よんで、下の もんだいに こたえましょう。 50てん

ある日、イカッツくんと
タコディくんは、さんごひろばで
ばったり 出あいました。
（あやまらなきゃ。）
（あそぼうって、いわなきゃ。）
なかなおりの チャンスです。
二人は、うれしくて、
おもわず すみを プー。
あたりは、まっくらです。
「けんかで すみを
はき、なかなおりで すみを
はき、めいわくな 子たちだ。」
ひとでの おばさんが、
ためいきを つきました。

① 二人は どこで、出あいましたか。 20てん

（　　　　　　）

② なかなおりの チャンスが きて、二人は、どんな 気もちでしたか。 15てん

（　　　　　　）気もち。

③ ひとでの おばさんは、二人の ことを、どう おもいましたか。 15てん

（　　　　　　）な 子たち。

ひとでの おばさんは、二人の ことを なんて いってるかな？

1 ①はじめの イカッツくんの ことばから、気もちを よみとろう。

気もちを　よみとる　④

月　日　じ　ふん～　じ　ふん
なまえ
てん

1 つぎの　文しょうを　よんで、下の　もんだいに　こたえましょう。　50てん

　ふと　気が　つくと、やぶれしょうじの　あなから、二つの　くりくりした　目玉が、こちらを　のぞいて　いました。
　糸車が　キークルクルと　まわるに　つれて、二つの　目玉も、くるりくるりと　まわりました。そして、月の　あかるい　しょうじに、糸車を　まわす　まねを　する　たぬきの　かげが　うつりました。
　おかみさんは、おもわず　ふき出しそうに　なりましたが、だまって　糸車を　まわして　いました。

岸　なみ「たぬきの　糸車」令和2年度版　光村図書「こくご　一下　ともだち」より

① のぞいて　いたのは、だれの　目玉ですか。　20てん

（　　　　　　）

② 糸車が　まわる　音を　かきましょう。　20てん

（　　　　　　）

③ たぬきの　かげを　見た　おかみさんの　気もちに、○を　つけましょう。　10てん

㋐（　）こまったねえ。
㋑（　）おかしいねえ。
㋒（　）おそろしいねえ。

おうちの方へ

めざせ！論理力の王様

知っている言葉の数を増やすうえで、読書や問題集に取り組むことは大切ですが、ご家庭での会話にも大きな学習効果があります。おうちの方が使う言葉や使い方を覚えるお子さんは多いので、たくさん会話をするようにしてください。

2 つぎの 文しょうを よんで、下の もんだいに こたえましょう。 50てん

それからと いうもの、たぬきは、まいばん まいばん やって きて、糸車を まわす まねを くりかえしました。

「いたずらもんだが、かわいいな。」

あるばん、こやの うらで、キャーッと いう さけびごえが しました。おかみさんが こわごわ いって みると、いつもの たぬきが、わなに かかって いました。

「かわいそうに。わなに なんか かかるんじゃ ないよ。たぬきじるに されて しまうで。」

岸 なみ「たぬきの 糸車」令和2年度版 光村図書「こくご 一下 ともだち」より

① おかみさんは、たぬきの ことを、どう おもって いましたか。○を つけましょう。 10てん

あ（　）にくらしいな。

い（　）かわいいな。

う（　）こまったな。

② おかみさんが、こやの うらへ いく ときの 気もちが わかる ことばを かきましょう。 20てん

（　　　　）

③ おかみさんは、わなに かかった たぬきを どう おもいましたか。 20てん

（　　　　）だと おもった。

2 ②こわがって いる 気もちを あらわして いるよ。

ものがたり

28 まとめの テスト

月　日　もくひょうじかん 15 ふん

なまえ　　　　てん

1 つぎの 文しょうを よんで、下の もんだいに こたえましょう。 50てん

りっちゃんは、おかあさんが びょうきなので、なにか いい ことを して あげたいと おもいました。

「かたを たたいて あげようかな。なぞなぞごっこを して あげようかな。くすぐって、わらわせて あげようかな。でも、もっと もっと いい ことは ないかしら。おかあさんが、たちまち げんきに なって しまうような こと。」

りっちゃんは、いっしょうけんめい かんがえました。

角野 栄子「サラダで げんき」令和2年度版 東京書籍「あたらしいこくご 一下」より

① りっちゃんは、おかあさんに なにを して あげたいのですか。 20てん

なにか [　　　　] 。

② りっちゃんは、おかあさんに どう なって ほしいのですか。○を つけましょう。 10てん

あ（　）きれいに なって ほしい。

い（　）やさしく なって ほしい。

う（　）げんきに なって ほしい。

③ りっちゃんが かんがえる ようすを あらわす ことばを、かきましょう。 20てん

（　　　　）

2 つぎの 文しょうを よんで、下の もんだいに こたえましょう。 50てん

「あっ、そうだわ。おいしい サラダを つくって あげよう。げんきに なる サラダを つくって あげよう。」

りっちゃんは、れいぞうこを あけて 中を のぞきました。

りっちゃんは、サラダを つくりはじめました。

きゅうりを トン トン トン、キャベツは シャ シャ シャキ、トマトも ストン トン トンと きって、大きな おさらに のせました。

すると、のらねこが、のっそり 入って きて いいました。

角野 栄子「サラダで げんき」令和2年度版 東京書籍「あたらしいこくご 一下」より

① りっちゃんは、なにを つくりますか。 10てん

（　　　　　）

② 「トン トン トン」は、なにを きる 音ですか。 10てん

（　　　　　）

③ トマトを きる 音を あらわす ことばを かきましょう。 15てん

（　　　　　）

④ のらねこは、どのように 入って きましたか。 15てん

（　　　　　）入って きた。

29 だいじな　ところを　よみとる　①

月　日　　じ　ふん〜　じ　ふん

なまえ　　　　てん

1 つぎの　文しょうを　よんで、下の　もんだいに　こたえましょう。　50てん

おたまじゃくしは、水の　中で　くらします。さかなと　おなじように　えらを　つかって、水の　中の　さんそを　とり入れて、こきゅうして　います。

かえるに　なると、えらは　きえて、からだの　中に　はいが　できます。はいが　あれば、空気から　さんそを　とり入れられるので、りくで　くらせるのです。

① おたまじゃくしは、どこで　くらしますか。（　　　）。　10てん

② なにを　つかって、こきゅうしますか。（　　　）　10てん

③ かえるに　なると、からだの　中に　なにが　できますか。（　　　）　15てん

④ かえるは、③を　つかって、どこから　さんそを　とり入れますか。　15てん

おうちの方へ

めざせ！論理力の王様

説明文では、筆者が読者に「伝えたいこと」を分かりやすく説明するために、文章が工夫されています。「〜は、なぜでしょう（話題の提示）」と、初めの段落に書かれていることにも注目し、文章の構成を意識しましょう。

2 つぎの 文しょうを よんで、下の もんだいに こたえましょう。

50てん（一つ10）

ありが、ぎょうれつを つくるのは、なぜでしょう。

ありは、大きな たべものを 見つけると、からだから においを 出し、それを じめんに つけながら、すに もどります。つまり、においは、みちしるべなのです。

すに かえった ありは、なかまに においを しらせます。なかまたちは、その においを たどりながら、たべものの ばしょを めざします。これが、ありの ぎょうれつです。

① ありは、大きな たべものを 見つけると、どう しますか。

・（　　　）を（　　　）に つけながら、すに もどる。

② においは、なんの やくめを しますか。

（　　　）

③ ありの なかまたちは、どのように たべものの ばしょに いくのですか。

・（　　　）を（　　　）ながら いく。

30 だいじな　ところを　よみとる　②

月　日　じ　ふん～　じ　ふん
なまえ　　てん

1 つぎの　文しょうを　よんで、下の　もんだいに　こたえましょう。　60てん（一つ10）

しょくぶつの　からだは、大きく　わけると、はっぱと　くきと　ねで　できて　います。

ねは、土から　水ぶんを　すいあげます。その　水ぶんは、くきを　とおって、はっぱに　はこばれます。はっぱは、たいようの　ひかりや　水ぶんなどから、えいようを　つくります。この　えいようで、しょくぶつが　そだつのです。

① しょくぶつの　からだは、なにから　できて　いますか。

（　　　）と（　　　）と（　　　）。

② ねは、なにを　すいあげますか。

（　　　）

それぞれに　やくめが　あるんだよ。

③ 水ぶんは、どこを　とおって　はっぱに　はこばれますか。

（　　　）

④ はっぱは、なにを　つくりますか。

（　　　）

おうちの方へ

めざせ！論理力の王様

説明文を読むうえで大切になってくるのは、段落どうしの関係です。まずは、それぞれの段落において、説明の「中心となっている言葉や文」がなにかを整理するようにしましょう。

2 つぎの 文しょうを よんで、下の もんだいに こたえましょう。 40てん（一つ10）

しょくぶつが そだつと、花が さきます。花には、大せつな やくめが あります。それは、たねを つくって、なかまを ふやす ことです。

しょくぶつは、なかまを ふやす ために、いろいろな ほうほうで、たねを とおくへ はこんで もらいます。

たとえば、すみれは、み が はじけて、たねを とばします。

とんだ たねを、ありが はこびます。

① 花の 大せつな やくめは、なんですか。

・（　　　　）を つくって、（　　　　）こと。

② すみれは、どのように たねを とばしますか。○を つけましょう。

あ（　）かぜが、とばす。

い（　）みが、はじける。

③ とんだ たねを、なにが はこびますか。

（　　　　）

②① 「それは、」の あとに せつめいして いるよ。

きほんのドリル　せつめい文

31 だいじな　ところを　よみとる　③

月　日　じ　ふん～　じ　ふん

なまえ　　　　てん

はなの　あなの　一ばんの　やくめは、空気を　すったり　はいたり　して、いきを　する　ことです。

はなの　あなには、はなげが　はえて　います。はなげには、はなに　入った　小さな　ごみを　とりのぞく　やくめが　あります。

はなには、においを　かぐ　はたらきも　あります。だから、はなの　あなが　つまると、においが　わからなく　なります。

1 つぎの　文しょうを　よんで、下の　もんだいに　こたえましょう。　50てん

① はなの　あなの　一ばんの　やくめは、なんですか。　20てん

（　　　　）を　する　こと。

② はなげの　やくめは、なんですか。　15てん

・はなに　入った　小さな　ごみを（　　　　）こと。

③ はなの　あなが　つまると、はなの　どんな　はたらきが　きかなく　なりますか。　15てん

（　　　　）はたらき。

おうちの方へ

めざせ！論理力の王様

問いかけ文を正しく読み取れているかどうかをご確認ください。「だれが」「いつ」「どこで」「なにを」といった問いかけの内容を理解できていないことで、問題に答えられない場合も多いです。既習（きしゅう）のページに振り返ることも大切です。

2 つぎの　文（ぶん）しょうを　よんで、下（した）の　もんだいに　こたえましょう。　50てん

どうぶつは、あきに　なると、
さむい　ふゆを　すごす
そなえを　はじめます。
きたきつねや　ひぐまは、
あきに　えさを　いっぱい
たべて、からだに　しぼうを
たくわえます。また、ふゆようの
あたたかい　けも　はえます。
ふゆに　なると、ひぐまは、
あなの　中（なか）で　ねむります。
からだを　じっと　うごかさず、
エネルギーを
つかわないように　して、
はるを　まつのです。

① どうぶつは、あきに　なると　なにを　はじめますか。　20てん

・（　　　　）を　すごす
そなえ。

② きたきつねや　ひぐまは、からだに　なにを　たくわえますか。　15てん

（　　　　）

③ ひぐまは、ふゆに　なると　どう　しますか。　15てん

（　　　　）。

32 だいじな　ところを　よみとる　④

月　日　じ　ふん〜　じ　ふん

なまえ

てん

れいとうこから　出した
こおりが、ゆびに　くっつくのは、
なぜでしょう。
これは、ゆびが　こおりに
さわった　ときに、
こおりに　ひやされて
ゆびの　ひょうめんの
水ぶんが　こおったからです。
この　とき、ゆびの　水ぶんは
せっちゃくざいの　やくめを
します。いくつかの　こおりに
水を　たらすと、
こおりどうしが　くっつきます。
それと　おなじです。

1 つぎの　文しょうを　よんで、下の　もんだいに　こたえましょう。 50てん

① こおりに　さわると、ゆびが　くっつくのは、なぜですか。 20てん

・ゆびの　ひょうめんの
（　　　　　　　　）から。

② ①の　とき、ゆびの　水ぶんは、なんの　やくめを　しますか。 15てん

［　　　　　　　　］

③ 「それ」は、どのような　ことを　さしますか。 15てん

・いくつかの　こおりに　水を　たらすと、こおりどうしが
（　　　　　　　　）こと。

おうちの方へ

67ページの文章では、「なぜでしょう」と読み手に問いかけ、「～からです」とその理由を説明しています。このように、説明文では決まりきった文章構造をもつ場合があるので、ポイントとなる言葉を把握できているかを見てあげてください。

2 つぎの 文しょうを よんで、下の もんだいに こたえましょう。

50てん

にわとりの ひよこは、
たまごから うまれます。でも、
わたしたちが たべて いる
たまごは、ひよこに なりません。
それは、にわとりの めすが、
おすと けっこんしないで
うんだ たまごだからです。
めすが おすと けっこんして
うんだ たまごは、あたためると
ひよこに なります。
あたためはじめてから
二十にちくらいで、
たまごを わって
ひよこが うまれます。

① にわとりの ひよこは、なにから うまれますか。 15てん

［　　　］

② ひよこに なるのは、どんな たまごですか。 20てん

・めすが、（　　　　）して、うんだ たまご。

③ ひよこは あたためはじめてから どのくらいで、うまれますか。○を つけましょう。 15てん

あ（　）十にちくらい
い（　）二十にちくらい

33 まとめの テスト

月　日　もくひょうじかん 15 ふん

なまえ　　　　てん

1 つぎの 文しょうを よんで、下の もんだいに こたえましょう。 50てん(一つ10)

ぼうしには、いろいろな
ものが あります。
みなさんが、ふだん
かぶって いる ぼうしは、
どのような はたらきを
して いるのでしょうか。
そして、どのような
いろや かたちを して
いるのでしょうか。

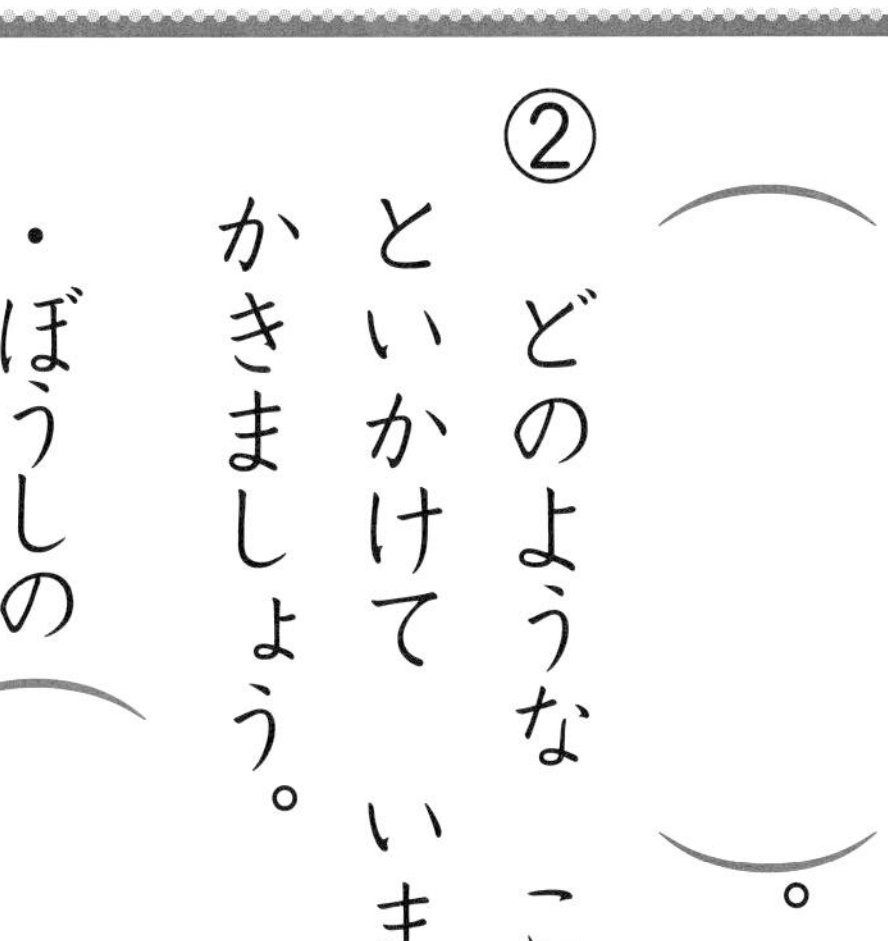

横矢 真理「ぼうしの はたらき」平成29年度版 三省堂「しょうがくせいのこくご 一年下」より

① なにを とりあげて、せつめいして いますか。

・ふだん（　　　）いる（　　　）。

② どのような ことに ついて、といかけて いますか。三つ かきましょう。

・ぼうしの（　　　）。

・ぼうしの（　　　）。

・ぼうしの（　　　）。

2 つぎの 文(ぶん)しょうを よんで、下(した)の もんだいに こたえましょう。 50てん

上(うえ)の えの ぼうしは、がっこうの いきかえりの ときに かぶる ぼうしです。

じどうしゃや じてんしゃに のって いる ひとに、みなさんが あるいて いる ことを しらせる はたらきが あります。

その ために、よく 目(め)だつ いろを して います。

横矢 真理「ぼうしの はたらき」平成29年度版 三省堂「しょうがくせいの こくご 一年下」より

① 上の えの ぼうしは、どんな ときに かぶりますか。 20てん

（　　　　）の とき。

② どんな はたらきが ありますか。 20てん

・あるいて いる ことを（　　　　）はたらき。

③ ②の はたらきの ために、どんな くふうを して いますか。○を つけましょう。 10てん

あ（　）目だつ かたち。

い（　）目だつ かぶりかた。

う（　）目だつ いろ。

ようすや 気もちを よみとる ①

月 日 じ ふん〜 じ ふん

なまえ てん

1 つぎの しを よんで、下の もんだいに こたえましょう。 50てん(一つ10)

ほけんしつ

びり ひり ぴり
みぎそで びりびり やぶれたか
すりきず ひりひり ないてるな
くすりは [　] しみるだろ

ずこうしつ

なつ休み
おちて いたよ
だれの クレヨン？
ちびた 青い クレヨン
空と うみが すきな
あの子の クレヨン

① [　]に 入る ことばを、かんがえて かきましょう。

（　　）

しの だい名が ヒントだよ。

② どこの ようすを えがいた しですか。

（　　）

③ おちて いたのは、どんな クレヨンですか。

（　　）クレヨン。

④ クレヨンの もちぬしは、なにが すきですか。

（　　）と（　　）。

おうちの方へ

めざせ！論理力の王様

詩の教材でも音読の練習をしましょう。ここでは、「はっきりとした発音で、正確に読めているか」「正しい姿勢で読めているか」「間のとり方は正しいか」などを確認してください。

2 つぎの　し（傍点）を　よんで、下（した）の　もんだいに　こたえましょう。　50てん（一つ10）

あいうえおっとと
あいうえおにいさん

あいうえ　あらあら
□　あなぼこ
あいうえ　いそいそ
いえまで　いそごう
あいうえ　うきうき
うれしい　うたごえ
あいうえ　えへんと
えばって＊　□らそう
あいうえ　おっとと
■むすび　おとした！

＊えばる…「いばる」と　おなじ

① □に　あう　ほうに、○を　つけましょう。
　あ（　）あぶない　い（　）きけんな

② 「いえまで」いそぐ　ようすを　あらわす　ことばを　かきましょう。
（　　　　）

③ 「うきうき」は、どんな　気（き）もちですか。
（　　　　）気もち。

④ □と　■に　入（はい）る、ひらがな　一字（いちじ）を　かきましょう。
□（　）　■（　）

1 ① 「びりびり」「ひりひり」に　あわせて、ことばを　かんがえよう。

きほんのドリル　し

35　ようすや　気もちを　よみとる　②

月　日　じ　ふん〜　じ　ふん

なまえ　　　　てん

1　つぎの　しを　よんで、下(した)の　もんだいに　こたえましょう。　50てん

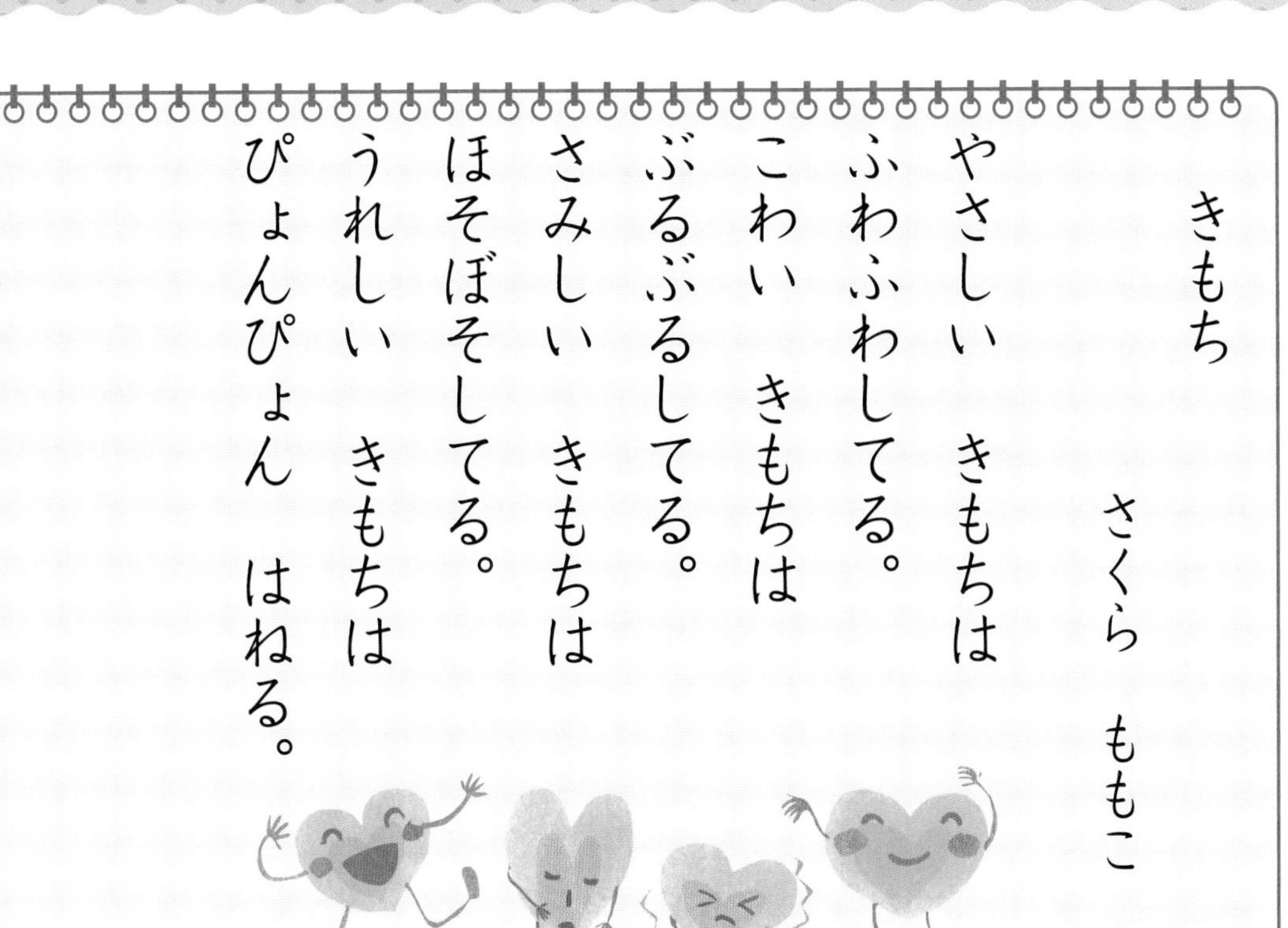

きもち　　さくら　ももこ

やさしい　きもちは
ふわふわしてる。
こわい　きもちは
ぶるぶるしてる。
さみしい　きもちは
ほそぼそしてる。
うれしい　きもちは
ぴょんぴょん　はねる。

さくら　ももこ「きもち」平成29年度版　三省堂「しょうがくせいのこくご　一年上」より

① 「やさしい　きもち」を　あらわす　ことばを　かきましょう。　20てん

（　　　　　）してる。

② 「ほそぼそしてる」のは、どんな　きもちですか。　20てん

（　　　　　）きもち。

③ 「うれしい　きもち」は、どのように　はねますか。しの　ことばを　かきましょう。　10てん

（　　　　　）はねる。

うれしくて、こころが　はずむ　かんじだね。

おうちの方へ

めざせ！論理力の王様

詩は言葉のリズムを大切にしているため、同じような言葉が繰り返されたり、反対の意味の言葉が使われたりします。形式的な部分が問題に問われることも多いので、音読をして気になった点がないか、お子さんに尋ねてみてください。

2 つぎの しを よんで、下の もんだいに こたえましょう。 50てん

うれしかった
おのでら えつこ

あおむしになって
うれしかった
おひさまが ひかってて
きょうも ごはんは
キャベツ
キャベツ
キャベツの ごちそう

ちょうちょうになって
うれしかった
おひさまは もっと ひかってて
きょうも ごはんは
はな
はな
はなの みつの ごちそう

小野寺 悦子「うれしかった」
令和2年度版 学校図書「みんなとまなぶ しょうがっこう こくご 一ねん下」より

① あおむしに なった ときの 気もちを かきましょう。 20てん

（　　　　　　）。

② ちょうちょうに なって、ごはんは なにに かわりましたか。 20てん

（　　　　　　）。

③ 「はな はな」は、ちょうちょうの どんな ようすを あらわしますか。○を つけましょう。 10てん

あ（　）花が 見つからない ようす。
い（　）花から 花へ とまる ようす。

 2 ①気もちを あらわす ことばを、しの 中から 見つけよう。

36 まとめの テスト

1 つぎの しを よんで、下の もんだいに こたえましょう。 50てん

木

しみず たみこ

木は いいな、
ことりが とまりに くるから。
ぼく、
木に なりたい。
ぼくの 木に、
すずめが たくさん
とまりに きたら、
うれしくて、
くすぐったくて、
からだじゅうの はっぱを
ちらちらさせて、
わらっちゃう。

清水 たみ子「木」
令和2年度版 東京書籍「新編 あたらしいこくご 一上」より

① なぜ、「木は いいな」と おもって いるのですか。 15てん

（　　　　　　　　　）。

② すずめが とまりに きたら、どんな 気もちに なると かいて いますか。○を 二つ つけましょう。 20てん（一つ10）

あ（　）うれしい。
い（　）木に なりたい。
う（　）くすぐったい。

③ 木は、どう やって わらうと かいて いますか。 15てん

・からだじゅうの はっぱを（　　　　　　　　）わらう。

2 つぎの しを よんで、下(した)の もんだいに こたえましょう。 50てん

やまで じゃんけん

いけだ もとこ

やまで はっぱが
じゃんけん ぽん
かえでの はっぱは
ぱあを だし
いちょうの はっぱは
ちょきを だす

ぼくも いれて と
まつぼっくりは
ぐうを だす

じゃんけん ぽん
じゃんけん ぽん
こだまも まけずに
じゃんけん ぽん
じゃんけん ぽん

池田 もと子「やまで じゃんけん」平成26年度版 教育出版「ひろがる ことば しょうがくこくご 一下」より

① じゃんけんで、だれが なにを だしましたか。——で むすびましょう。 30てん(一つ10)

いちょう ・　　・ぐう
まつぼっくり ・　　・ちょき
かえで ・　　・ぱあ

② はっぱや まつぼっくりの なにが、じゃんけんに 見(み)えるのでしょう。○を つけましょう。 10てん

あ( )いろ　い( )かたち　う( )もよう

③ さいごの「じゃんけん ぽん」は、だれが いった ことばですか。 10てん

(　　　　)

37 しあげの テスト1

月 日 もくひょうじかん 15 ふん

なまえ　　　　てん

1 つぎの 文しょうを よんで、下の もんだいに こたえましょう。 60てん(一つ20)

（糸を つむぐ まねを して いた たぬきは、わなに かかった ところを、おかみさんに たすけられます。ふゆに なり、きこりの ふうふは、山から 村へ 下りて いきました。）

はるに なって、また、きこりの ふうふは、山おくの こやに もどって きました。

とを あけた とき、おかみさんは、あっと おどろきました。

いたの間に、白い 糸の たばが、山のように つんで あったのです。

そのうえ、ほこりだらけの はずの 糸車には、まきかけた 糸まで かかって います。

「はあて、ふしぎな。どう した こっちゃ。」

岸 なみ「たぬきの 糸車」令和2年度版 光村図書「こくご 一下 ともだち」より

① きこりの ふうふが、山おくに もどって きたのは、いつですか。

（　　　　　　）

② おかみさんは、なにを 見て おどろいたのですか。

・山のように つんで ある （　　　　　　）。

③ 糸車に まきかけた 糸を 見た ときの、おかみさんの 気もちに ○を つけましょう。

あ（　）ふしぎな 気もち。

い（　）こわい 気もち。

う（　）うれしい 気もち。

2 つぎの 文しょうを よんで、下の もんだいに こたえましょう。 40てん（一つ20）

（たぬきは、ふゆの あいだ、こっそり 糸を つむいで いたのでした。）

たぬきは、つむぎおわると、こんどは、いつも おかみさんが して いた とおりに、たばねて わきに つみかさねました。

たぬきは、ふいに、おかみさんが のぞいて いるのに 気が つきました。

たぬきは、ぴょこんと そとに とび下りました。そして、うれしくて たまらないと いうように、ぴょんぴょこ おどりながら かえって いきましたとさ。

岸 なみ「たぬきの 糸車」
令和2年度版 光村図書「こくご 一下 ともだち」より

① たぬきは、どんな ことが 「うれしくて たまらない」の ですか。○を つけましょう。

あ（　）おかみさんに、しかられなかった こと。

い（　）おれいに、糸を つむぐ ことが できた こと。

う（　）ひとりで 糸を つむげた こと。

② 「うれしくて たまらない」気もちは、たぬきの どんな ようすから わかりますか。

・（　　　　　　　）かえる ようす。

38 しあげの テスト2

月　日　もくひょうじかん 15 ふん

なまえ　　てん

1 つぎの 文しょうを よんで、下の もんだいに こたえましょう。　45てん

「おかあさん、サラダが できましたよ。いっしょに いただきましょう。」

りっちゃんは、大きな こえで いいました。

とつぜん、キューン、ゴー、キューと いう おとが して、ひこうきが とまると、アフリカぞうが せかせかと おりて きました。

「まにあって よかった よかった。ひとつ おてつだいしましょう。」

「ありがとう。でも、もう できあがったの。」

角野 栄子「サラダで げんき」令和2年度版 東京書籍「あたらしいこくご 一下」より

① ひこうきが とまる 音を かきましょう。　20てん（一つ10）

（　　　　）・（　　　　）、ゴー ゴー、

② アフリカぞうは、ひこうきから どのように おりて きましたか。　15てん

（　　　　）と おりて きた。

③ ②の ときの アフリカぞうの 気もちに ○を つけましょう。　10てん

あ（　）まにあって うれしい。

い（　）まにあって たのしい。

う（　）おくれたので かなしい。

しあげの テスト2

2 つぎの 文(ぶん)しょうを よんで、下(した)の もんだいに こたえましょう。 55てん

アフリカぞうは、サラダに あぶらと しおと すを かけると、スプーンを はなで にぎって、力(ちから)づよく くりん くりんと まぜました。

「おかあさん、さあ、いっしょに サラダを いただきましょ。」

と、りっちゃんは いいました。

おかあさんは、りっちゃんの サラダを たべて、たちまち げんきに なりました。

角野 栄子「サラダで げんき」
令和2年度版 東京書籍「あたらしい こくご 一下」より

① サラダに なにを かけましたか。三(みっ)つ、かきましょう。 30てん(一つ10)

(　　　　)(　　　　)(　　　　)

② 「くりん くりん」は、なんの ようすを あらわしますか。○を つけましょう。 10てん

あ(　)スプーンを にぎる ようす。

い(　)はなを まわす ようす。

う(　)サラダを まぜる ようす。

③ おかあさんは、サラダを たべて、どう なりましたか。 15てん

・たちまち (　　　　)に なった。

39 しあげの テスト3

月（がつ）　日（にち）　もくひょうじかん 15ふん

なまえ　　　　てん

1 つぎの 文（ぶん）しょうを よんで、下（した）の もんだいに こたえましょう。 40てん(一つ10)

上（うえ）の えの ぼうしは、きゅうしょくの よういを する ときに かぶる ぼうしです。

みなさんが たべる たべものに、かみの けが おちるのを ふせぐ はたらきが あります。その ために、かみの けを すっぽりと おおえる かたちを して います。

横矢 真理「ぼうしの はたらき」平成29年度版 三省堂「しょうがくせいのこくご 一年下」より

① 上の えの ぼうしは、どんな ときに かぶりますか。

・（　　　　）を する とき。

② どんな かたちを して いますか。

・かみの けを すっぽりと（　　　　）かたち。

③「その ため」とは、なんの ためですか。

・たべものに（　　　　）が おちるのを（　　　　）ため。

2 つぎの 文しょうを よんで、下の もんだいに こたえましょう。 60てん（一つ15）

上の えの ぼうしは、日ざしが つよく、あつい ときに かぶる ぼうしです。
つよい 日ざしから、みなさんの あたまを まもる はたらきが あります。
その ために、おおきな つばが ついて います。
このように、ぼうしには、それぞれの はたらきが あります。
そして、はたらきに あわせて、いろや かたちが くふうされて います。

横矢 真理「ぼうしの はたらき」平成29年度版 三省堂「しょうがくせいのこくご 一年下」より

① 上の えの ぼうしには、どんな はたらきが ありますか。

・つよい 日ざしから、（　　　　）はたらき。

② ①の はたらきに あわせて、ぼうしに なにが、ついて いますか。

（　　　　）。

③ ぼうしの はたらきに あわせて、なにが、くふうされて いますか。二つ かきましょう。

（　　　　）

（　　　　）

しあげの テスト3

月 日　もくひょうじかん 15 ふん
なまえ
てん

1 つぎの 文(ぶん)しょうを よんで、下(した)の もんだいに こたえましょう。 45てん(一つ15)

ヤシの みから、かたい けを とり出(だ)します。
これを、みじかく きりそろえます。
きりそろえた かたい けを、二(ふた)つおりに した はり金(がね)の あいだに はさみ、ねじります。
ぼうのような かたちに なるまで ねじり、おりまげます。
まわりを なわで たばね、りょうがわの はり金を からませます。
たわしの かんせいです。

中村 智彦「なにが できるかな」平成29年度版 三省堂「しょうがくせいのこくご 一年下」より

① なにに ついて、かかれて いますか。○を つけましょう。
あ（　）たわしの ざいりょう。
い（　）たわしの つかいかた。
う（　）たわしの つくりかた。

② 「これ」とは、なんですか。
ヤシの みの（　　　　）。

③ かんせいした たわしは、どれですか。○を つけましょう。
あ（　）
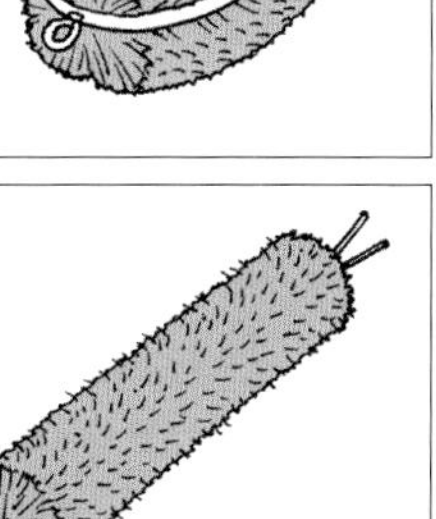
い（　）

う（　）

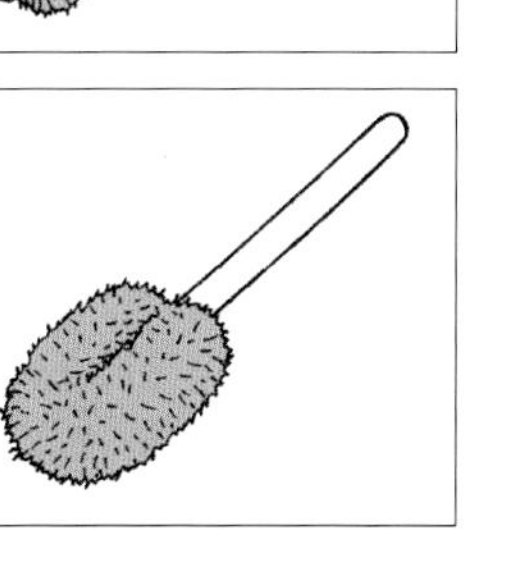

2 つぎの 文(ぶん)しょうを よんで、下(した)の もんだいに こたえましょう。 55てん

二まいの ゴムを、まるい かたに はめて、ねつを くわえ、ボールの かわに ぬのを はりあわせて つよく した ものを、二(に)しゅるいの かたちに きりぬきます。これを パネルと いいます。パネルを 一(いち)まい 一まい ぬいあわせて、まるい かたちに して いきます。その なかに、ゴムの ボールを 入(い)れます。ボールを ぬいおわったら、なかに 空気(くうき)を 入れて、まんまるに しあげます。サッカーボールの かんせいです。

中村 智彦「なにが できるかな」
平成29年度版 三省堂「しょうがくせいの こくご 一年下」より

① なんの つくりかたの せつめいですか。 15てん

（　　　　　　　　　　）

② つくりかたの じゅんに、ばんごうを かきましょう。 40てん（一つ10）

あ（　）かわに ぬのを はりあわせて きりぬき、パネルに する。

い（　）ゴムの ボールに、空気を 入れて、まるくする。

う（　）二まいの ゴムを、ボールの かたちに する。

え（　）パネルを ぬいあわせて、ゴムの ボールを 入れる。

しあげの テスト4

41 しあげの テスト5

月　日　もくひょうじかん 15 ふん

なまえ　　　　てん

1 つぎの しを よんで、下の もんだいに こたえましょう。 50てん

おさるが ふねを かきました

まど・みちお

ふねでも かいて みましょうと
おさるが ふねを かきました

けむりを もこもこ はかそうと
えんとつ いっぽん たてました

なんだか すこし さびしいと
しっぽも いっぽん つけました

ほんとに じょうずに かけたなと
さかだち いっかい やりました

まど・みちお「おさるが ふねを かきました」
平成26年度版 光村図書「こくご 一上 かざぐるま」より

① けむりが 出る ようすを あらわす ことばを かきましょう。 15てん

（　　　　　）

② なぜ、しっぽを つけたのですか。 15てん

・すこし（　　　　　）と おもったから。

③ かきおわって、おさるは どんな 気もちだったでしょう。○を つけましょう。 20てん

あ（　）とても うれしい 気もち。
い（　）もっと かきたい 気もち。
う（　）まだ さびしい 気もち。

2 つぎの しを よんで、下の もんだいに こたえましょう。

50てん

くもは がようし

みやなか くもこ

しろい くもは
ゆめを かく がようし
どんなに たくさん
かいても
いいですよって
やさしく そらに
うかんでる
しろい くもに
なにを かこうか
かんがえる
おおきく なったら
したい ことや
いつか きっと
なりたい もの

宮中 雲子「くもは がようし」平成26年度版 東京書籍「あたらしい こくご 一下」より

① くもの どんな ようすを、「がようし」と いって いるの でしょう。○を つけましょう。 15てん

あ（ ）空に うかぶ ようす。
い（ ）白くて 大きい ようす。
う（ ）白くて しかくい ようす。

② 「どんなに たくさん かいても いいですよ」は、だれの ことばですか。 20てん

（　　　　）

③ どんな ことを かこうと して いますか。○を つけましょう。 15てん

あ（ ）ゆうべ 見た ゆめ。
い（ ）いつか、したい こと。
う（ ）いま、したい こと。

しあげの テスト5

1 きほんのドリル P.5・6

1 ①かわ ②さる ③はし ④りす

2 ①さる ②りす ③りんご ④さる・りす ［順不同］

おうちの方へ

1 「なにが」あるのか、「だれが」くるのか、といった存在や動作の主体（主語）をつかみましょう。

2 主語を示す語句は、「〜が」のほかに「〜は」もあることを、おさえておきましょう。

2 きほんのドリル P.7・8

1 ①たくみ ②ひでと ③さくらのき ④さやか

2 ①かまきり ②あ ③さやか・ひでと ［順不同］

おうちの方へ

前回は「だれが、……ですか。」という問いでしたが、この回では「……のは、だれですか。」という問いの形で、同じく主語をとらえる問題です。

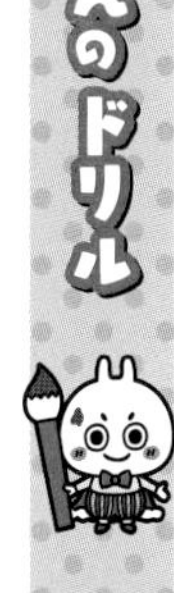

3 きほんのドリル P.9・10

1 ①たね ②なんのたね ③ちびもぐら ④め

2 ①たね ②はっぱ ③おじいさん ④まめ

おうちの方へ

1 会話のある文章では、だれが言った言葉なのかをつかむことは、物語を理解するうえでとても大事です。

4 きほんのドリル P.11・12

1 ①とびおり ②とら ③みあげ ④うなずき

2 ①まげました ②おじぎをしました ③のぼっていきました ④おいかけました

おうちの方へ

1 だれが「どうした」のか、という動作・行動（述語）に注目します。述語はふつう文末にあります。

2 文章の内容を問う問題では、「まげた」「おじぎをした」のように常体で答えても正解です。

5 きほんのドリル　P.13・14

1 ①うえ　②㋒　③ぬけません（でした）

2 ①よんで　②ひっぱり
③まご…3　おばあさん…2　いぬ…4
④ぬけました

おうちの方へ

1 ②かぶを植えたら、どうなったのかを読み取ります。③「いいえ」と答えても、正解です。

2 ①「ひっぱって」と、まちがえることがあります。「だれが」「だれを」を正しくつかむようにします。③かぶをぬこうと、前の人を引っ張っています。登場人物が並んでいる順を、整理しましょう。

6 まとめのテスト　P.15・16

1 ①くまさん　②はいって　③ききに

2 ①くまさん　②あな　③はなのいっぽんみち

おうちの方へ

1 ①初めの文に注目します。主語は「くまさんが」、述語は「みつけました」です。

2 ①・③両方とも主語を問う問題です。①は「だれが」（人物）、③は「なにが」（物）です。③袋（ふくろ）に入っていたのは、花の種だったのです。

7 きほんのドリル　P.17・18

1 ①きりん　②ぞう・みみ　③とんぼ・め

2 ①かぶとむし　②つの
③㋐　④みつばち

おうちの方へ

1 ここでは、「何について書かれているか」をしっかりとつかみましょう。それぞれの文の主語に注目してください。

2 ②二つめの文に注目しましょう。

8 きほんのドリル　P.19・20

1 ①㋐　②「グー」となる　③くうき

2 ①㋑　②おすの いぬが、あちこちに おしっこをかけるのは、なぜでしょう。
③じぶんがきた

おうちの方へ

1 ①問いかけの文は、「……でしょう。」という形になっています。③「なにが」音をたてるのかをきちんとつかみましょう。

2 ②「……なぜでしょう。」という文は、理由をたずねる問いかけの文です。③「なにを」知らせるためなのかをおさえましょう。

9 きほんのドリル P.21・22

1 ①ほたる ②みずのなか ③㋑
②おどろかす ③けっこんあいてをさがす

2 ①㋐1 ㋑3 ㋒2

おうちの方へ

1 ③ほたるの幼虫が、どのようにくらしているかをおさえましょう。

2 ①ほたるが成長する順序を、文章の流れにしたがって読み取りましょう。
②・③理由や目的を表す「〜ため」という言葉に着目しましょう。

10 きほんのドリル P.23・24

1 ①くもざる ②まきつけて ③㋑

2 ①ひらたい ②ひろげ・つりあい
③つばさ

おうちの方へ

1 しっぽは、大事な役割をもっていること、そして、役割に応じた形をしていることを理解しましょう。

2 ③枝をしっかりつかんだ様子が手に似ています。ももんがのしっぽは、飛ぶときに大事な役割をもっています。

11 まとめのテスト P.25・26

1 ①ちいさないきもの ②㋑ ㋒ ③どける

2 ①くさはら ②いろ
③(おどろいて)とびたつ

おうちの方へ

1 ①「だんごむし」としても正解です。

2 ②「……みつける ことが できません。」の後の文に、「……からです。」と理由が書かれています。

12 きほんのドリル P.27・28

1 ①かお ②くつたち ③もんく ④白いくつ

2 ①スケートぐつ ②こおり
③しもばしら ④くつたち

おうちの方へ

1 「なにを」「だれに」という、動作の対象を表す修飾語を読み取る問題です。修飾語を入れると、文がよりくわしくなります。④「スケートぐつ」でも、正解。

2 ③「しもばしら」とは、土の表面にできた小さい柱のような氷のことです。④スケートぐつの話を聞いて「自慢したい」と思ったのです。

13 きほんのドリル P.29・30

1
①びわ　②ぷかぷか
③木のえだ　④パン

2
①つりざお　②すいっと
③水あび　④つりのえさ

おうちの方へ

1 ②「どのように」という様子をとらえます。このような動作の様子を表す語も、修飾語です。

14 きほんのドリル P.31・32

1
①おととい　②たんす
③かやさん　④一じ

2
①やねうら　②ものおき
③一じ五ふん　④おととい

おうちの方へ

1 いつ（時）・どこで（場所）などを表す語も、修飾語です。これらの言葉によって、場面の状況を把握するのも、物語のすじを理解するうえで大切です。

2 ②ランプのかさを二度見つけるので、それぞれの場所を正確に理解しましょう。

15 きほんのドリル P.33・34

1
①きのした　②たてふだ
③ろばさん　④いす

2
①くまさん　②いすのうえ
③おひるね　④はちみつ

おうちの方へ

時間の経過とともに、登場人物や状況が、どのように変化していくかをとらえましょう。

2 ②くまさんがはちみつを持ってやってきたとき、いすの上にはどんぐりが置いてありました。

16 まとめのテスト P.35・36

1
①本　②みどりのこうえん
③ぼうし　④にもつ

2
①（きつねさんの）にもつ　②きつねさん
③つぎの日　④こうえんのベンチ

おうちの方へ

1 2 物語の場面が変わる様子をとらえましょう。「つぎの日」の前後で、「きのう」のことと「つぎの日」のことが書かれています。

17 きほんのドリル　P.37・38

❶ ①こま　②(い)
③わりばし

❷ ①えいよう　②たんぱくしつ
③にく・さかな ［順不同］　④エネルギー

おうちの方へ

❶②順番を表すときは、「まず」「つぎに」「さいごに」などの言葉を使うことを覚えましょう。

❷①・②指示語の問題です。指示語はすぐ前の言葉や文を指し示すことをおさえておきましょう。

18 きほんのドリル　P.39・40

❶ ①人がすんでいる
②てき・ちかづいて　③(あ)

❷ ①におい・いろ　②花ふん　③(い)

おうちの方へ

❶②理由を問う問題では、「……からです。」という文に着目しましょう。

❷①答えの字数が決まっている問題は、文の中から、ぴったりと合う言葉を見つけられるかどうかがポイントです。

19 きほんのドリル　P.41・42

❶ ①(い)　②さんそ　③そこで

❷ ①(あ)　②それで　③なみだのふくろ

おうちの方へ

❶①・③つなぐことば（接続語）の問題です。この回では、接続語の前後の内容が順当につながる、順接の接続詞をとりあげました。

❷①後の文は、前の文に続いて起こることなので、「すると」が入ります。
②前の文が後の文の理由を表すので、「それで」があてはまります。

20 きほんのドリル　P.43・44

❶ ①からだのいろ　②(い)
③さかさま　④(い)

❷ ①(う)　②とべません　③水中でえさをとる

おうちの方へ

❶④は、後の文に前の文と反対のことが書かれているので、逆接の接続語「でも」が入ります。

❷①・②接続語が、順接か逆接かによって、後ろに続く内容が決まります。文脈に沿って考えましょう。

21 まとめのテスト　P.45・46

1 ①カカオまめ　②1つぎに　2さいごに　③カカオまめ　④ひやします

2 ①くふう　②車のうしろ　③㋒　④まえのせきがふえました

おうちの方へ

1 ③指示語が指す言葉は、すぐ前に書かれていることが多いです。④「ひやす」と答えても正解です。

2 ③前の文と反対のことが後の文で書かれているので、逆接の接続詞「でも」が合います。④「……ふえた」と答えても正解です。

22 きほんのドリル　P.47・48

1 ①ぼうっと　②㋐　③㋑　④しくしく

2 ①かぜ　②㋑　③まり

おうちの方へ

1 擬態語・擬音語の問題です。②「目を　ぱちくり」全体で、おどろきの表情を表します。

2 たとえ（比喩）の表現の問題です。「～ように」「～みたいに」が、たとえを示す表現です。

23 きほんのドリル　P.49・50

1 ①どっと　②あっというまに　③くちぐちに

2 ①くろい　②㋑　③しょんぼり

おうちの方へ

1 ②「短い時間で、すぐに」という意味を表す言葉を文章中から探しましょう。

2 ③「元気がなく、しおれている」という意味です。様子を表す言葉は人物の気持ちを理解するうえでも重要です。

24 きほんのドリル　P.51・52

1 ①おとうと　②よろこんで　③とくい・ごきげん［順不同］

2 ①すこしさびしい　②子がめ　③㋐

おうちの方へ

1 ②心情を直接表す言葉に注目して、人物の気持ちをおさえましょう。

2 ③「りんごがほしい」からではなく、「子がめを早く助けたい」から慌てたことを理解しましょう。

25 きほんのドリル P.53・54

❶ ①い　②い　③こんにちわん
④口をあんぐりあけました

❷ ①あ　②ドーナツ　③（ちょっと）ざんねん

おうちの方へ

❶ 動作や行動・表情などから心情を読み取る練習です。①・②「くびをかしげる」は慣用句で、ふしぎに思う気持ちを表します。
④「口をあんぐりあける」は、おどろきの表現です。

26 きほんのドリル P.55・56

❶ ①い　う　②足がもつれてきました
③たいくつ

❷ ①さんごひろば
②うれしい　③めいわく

おうちの方へ

気持ちと、行動や動作、表情などのかかわりを読み取る練習です。

❶ けんかをしたイカッツくんとタコディくんの気持ちの葛藤やその様子が描かれています。
①相反する二つの気持ちを選びます。

27 きほんのドリル P.57・58

❶ ①たぬき　②キークルクル　③かわいそう

❷ ①い　②こわごわ　③い

おうちの方へ

❶ ①目玉は糸車を見ています。後に、「たぬきのかげが」とあることからも、わかります。
③「ふき出しそうに」は、笑い出してしまいそうな様子を表します。

❷ ①・③おかみさんの話した言葉の中に、気持ちを表す言葉があります。

28 まとめのテスト P.59・60

1 ①いいこと　②う　③いっしょうけんめい

2 ①サラダ　②きゅうり
③ストン　トン　トン　④のっそり

おうちの方へ

1 りっちゃんは、「おかあさんが、たちまち　げんきに　なって　しまうような　こと」を、「いっしょうけんめい」考えています。

2 野菜の種類によって、切る音がちがいます。それぞれの野菜を思い浮かべて、音読してみましょう。
④ゆっくりとした動きを表す言葉です。

29 きほんのドリル P.61・62

❶ ①水の中　②えら　③はい　④空気

❷ ①におい・じめん　②みちしるべ
③におい・たどり

おうちの方へ
❶ 呼吸の仕方によって、住む場所が変わる、ということが、文章の要点となります。
❷ 「……なぜでしょう。」という問いかけの文の答えが文章の要点です。

30 きほんのドリル P.63・64

❶ ①はっぱ・くき・ね［順不同］　②水ぶん
③くき　④えいよう

❷ ①たね・なかまをふやす　②い　③あり

おうちの方へ
❶ 植物のそれぞれの部分が、どんな働きをしているかを読み取りましょう。

31 きほんのドリル P.65・66

❶ ①いき　②とりのぞく　③においをかぐ

❷ ①ふゆ　②しぼう　③あなの中でねむります

32 きほんのドリル P.67・68

おうちの方へ
❶ 段落ごとに、書かれている内容や要点をつかむようにしましょう。

❶ ①水ぶんがこおった　②せっちゃくざい
③くっつく

❷ ①たまご　②おすとけっこん　③い

おうちの方へ
❶ ③直前の文に着目しましょう。
❷ ③文章の最後の段落に着目しましょう。

33 まとめのテスト P.69・70

❶ ①かぶって・ぼうし
②はたらき・いろ・かたち［順不同］

❷ ①がっこうのいきかえり　②しらせる　③う

おうちの方へ
❶ 「ぼうしのはたらき」の導入の部分です。ここで、文章の話題をとらえます。②問いかけの文は、「……でしょうか。」という文末表現になっています。
❷ ③歩いていることを知らせるために、目立つ色をしているのです。

34 きほんのドリル　P.71・72

1 ①ぴりぴり　②ほけんしつ　③ちびた青い　④空・うみ［順不同］

2 ①あ　②いそいそ　③うれしい　④□…え　■…お

おうちの方へ

詩に描(えが)かれた様子や気持ちを読み取る練習です。また、声に出して読み、リズムを楽しみましょう。

1 ①「くすり」が「しみる」感じを表す言葉です。②作者名の「ほけんしつ」がヒントです。

2 ①「あ」ではじまる言葉でそろえます。

35 きほんのドリル　P.73・74

1 ①ふわふわ　②さみしい　③ぴょんぴょん

2 ①うれしかった　②はなのみつ　③い

おうちの方へ

1 気持ちを、「ふわふわ」「ぶるぶる」などの擬態語(ぎたいご)で表現した楽しい詩です。③他の気持ちと異なり、うれしいときの高揚感(こうようかん)を「はねる」という動作で表現しています。

2 ③言葉を繰(く)り返して、たくさんの花に、つぎつぎに止まってみつを吸(す)う様子を表しています。

36 まとめのテスト　P.75・76

1 ①ことりがとまりにくるから　②あ　う　③ちらちらさせて

2 ①いちょう——ちょき　まつぼっくり——ぐう　かえで——ぱあ　②い　③こだま

おうちの方へ

1 木を、人のように表現した詩です。

2 はっぱの形を思い浮(う)かべて読みましょう。②じゃんけんのときの手の形に似ていますね。

37 しあげのテスト1　P.77・78

1 ①はる　②白い糸のたば　③あ

2 ①い　②（ぴょんぴょこ）おどりながら

おうちの方へ

1 ②おかみさんが、戸を開けたときに見たものです。③おかみさんの言葉の「ふしぎな。」からわかります。

2 たぬきは、助けてくれたおかみさんのために、糸をつむいだのです。

38 しあげのテスト2 P.79・80

1 ①キューン・キュー ②せかせか ③あ

2 ①あぶら・しお・す［順不同］ ②う ③げんき

おうちの方へ

1 ②忙しそうに、あわてている様子を表す言葉です。

③文中に「まにあって よかった」とあります。

2 ②「くりん くりんと まぜました」とあります。まぜる様子を表す言葉は、他にも、「スプーンをはなでにぎって」「力づよく」があり、アフリカぞうがまぜる様子がよくわかります。

39 しあげのテスト3 P.81・82

1 ①きゅうしょくのようい ②おおえる

③かみのけ・ふせぐ

2 ①あたまをまもる

②おおきなつば ③いろ・かたち［順不同］

おうちの方へ

文章は、「どんなときにかぶるのか」「どんな働きがあるのか」「どんな工夫がされているか」という順序で、説明されています。

1 ②かみの毛が落ちないように、ぼうしで頭をすっぽりとおおう必要があるのです。

40 しあげのテスト4 P.83・84

1 ①う ②（かたい）け ③あ

2 ①サッカーボール ②あ2 い4 う1 え3

おうちの方へ

1 絵を見ながら、書かれている順に作り方を理解しましょう。

2 ①最後の「……の かんせいです。」の一文からわかります。

②書かれている順に、作業の内容をつかみましょう。

41 しあげのテスト5 P.85・86

1 ①もこもこ ②さびしい ③あ

2 ①い ②（しろい）くも

③い

おうちの方へ

1 ③満足して、逆立ちをしている様子からわかります。

2 大きくて白い雲に、まるで画用紙に絵を描くように、将来の夢を思い切り描くことを想像している詩です。